KB043757

섹스와 거짓말
: 금기 속에 욕망이 갇힌 여자들

섹스와 거짓말 :

SEX   NGES

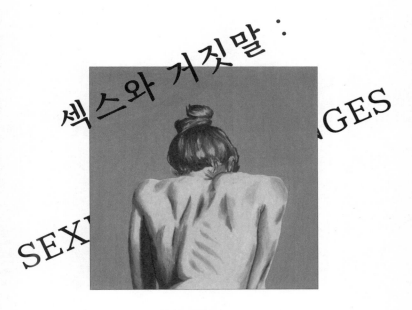

금기 속에 욕망이 갇힌 여자들

레일라 슬리마니 지음
이현희 옮김

arte

순결 권장, 그것은 자연의 법칙을 거스르도록
대중을 선동하는 짓이다. 성생활을 가볍게 보는 것,
외설이라는 개념을 들어 경멸하는 것,
그것이야말로 삶의 신성한 정신에 반하는
치명적인 오류이다.

—프리드리히 니체, 『적그리스도』

내 아버지 말씀.
"알라가 세상을 창조하실 때,
여자와 남자를 분리하신 데는
다 이유가 있는 법이란다.
질서와 조화라는 건 서로 다른 집단이
후두드(경계)를 철저히 존중할 때만
존재하는 법이지.
모든 위반은 무질서와 불행을 불러오게 마련이야.
그런데 여자들은 경계를 넘을 생각만 하지 않겠느냐.
문지방 너머 세상에 푹 빠져 있어.
착각에 빠져서 상상 속 거리를 이리저리 쏘다니는 거야."

—파티마 메르니시, 『여자들의 꿈』

파티마 메르니시를 기리며.
아티카 이모에게.
나에게 마음을 터놓고 전부 말해준 여자들 모두에게.
누군가는 그들의 이야기에 감사하길 바라며.

서문

2014년 여름, 첫 장편소설 『그녀, 아델』을 출간했을 때 일부 프랑스 기자들은 모로코 여자가 그런 책을 썼다는 사실에 놀라는 기색을 감추지 않았다. 그들은 내 책을 불순하게 보았고 섹스 중독에 시달리는 한 여성에 대한 날것 그대로의 이야기, 즉 '자유롭고 섹시한 이야기'로 이해했다. 그리고 마치 나라는 사람은 출신 문화에 걸맞게 좀 더 정숙하고 조심스럽게 굴었어야 했다는 듯, 셰에라자드의 후손에 걸맞게 아랍 문화권의 색깔을 간직한 에로물을 쓰는 게 낫지 않았겠냐는 듯 나무라는 눈치였다.

그렇지만 북아프리카인들이야말로 성 문제가 주는 고통

이나 절망감, 또는 반감과 관련된 주제에 접근하기에 가장
적절한 사람들이라는 게 내 생각이다. 성적 자유가 없는
사회에서 나고 자랐다는 사실로 인해 섹스는 그들에게 영
원히 마르지 않는 강박의 대상이 된다. 그리하여 섹슈얼리
티라는 주제가 동시대 문학 작품들에서 굉장히 돌출돼 있
다. 모하메드 추크리, 타하르 벤 젤룬, 모하메드 레프타, 압
델라 타이아 등의 작가를 예로 들 수 있겠다. '악마의 책'
으로까지 분류되는 에로 문학은 특히 레바논의 주마나 하
다드, 비밀스러운 네즈마, 또는 『꿀의 증명』을 쓴 시리아
작가 살와 알 네이미 등 특히 여성 작가들에게서 끊임없이
새롭게 재생산된다.

　이렇게 볼 때 나의 첫 소설은 예외라고 볼 수 없으며, 작
품 속에서 아델이라는 인물을 만들어낸 것 역시 결코 우연
만은 아닐 것이다. 절망과 거짓말 속에 아슬아슬한 이중생
활을 이어나가는 아델. 후회와 스스로 만들어낸 위선에 점
차 갉아먹히는 아델. 금지된 것들에 둘러싸여 쾌락이 뭔지
모르던 아델. 어떤 면에서 아델은 이 시대 모로코 젊은 여
성들의 섹슈얼리티에 대한 다소 과장된 은유인 것이다.

　소설 출간을 맞아 모로코 전역을 돌며 내 책을 소개할

기회가 있었다. 나는 서점이나 대학, 문화 센터, 시립 도서관 등을 찾아다녔고, 각종 협회나 문화 모임에 초대받기도 했다. 2주 동안 이곳저곳을 돌며 진정한 발견의 시간을 가질 수 있었다. 지금부터 이 책에 등장할 여성들이 자유롭게 말할 수 있는 토론의 기회를 그동안 얼마나 갈망했는지 의심의 여지가 없다. 강연이 있을 때마다 청중들, 특히 젊은 청중들이 섹슈얼리티를 주제로 한 만남에 얼마나 매료되는지 나는 직접 확인했다. 강연이 끝나면 수많은 여성들이 자기 이야기를 털어놓고 싶은 욕망에 나를 찾아오곤 했다. 소설은 이처럼 작가와 독자 사이에 매우 내밀한 관계를 만들어내고 또 쑥스러움이나 불신과 같은 장벽을 무너뜨리는 마법 같은 힘을 지닌 것이다. 그렇게 듣게 된 이야기들을 하나의 시대, 하나의 고통에 대하여 토로하는, 살을 엘 듯 날카로운 증언으로 묶어내고 싶은 마음이 들었다.

사회학적 연구서나 모로코의 성생활에 대한 에세이를 쓰고자 하는 게 아니다. 그런 거라면 이미 저명한 사회학자들이나 출중한 기자들이 얼마나 많이 어려운 글들을 써왔던가. 내 바람은 나를 찾아온 여성들의 마음속 이야기들을 가공 없이 날것 그대로 내보내고 싶다는 것이었다. 파르르 몸이 떨릴 정도로 강렬함을 남긴 말들, 때로는 흥분시키고 때로는 감동을 준 이야기들, 분한 마음에 당장이라도 들고 일어서고 싶게 만들던 이야기들. 많은 남성과 여성이 똑바로 바라보기보다는 외면하고 싶어 하는 이 사회 속 삶의 고통스러운 파편들을 세상 밖으로 내보내고 싶다는 바람은 그렇게 내게 온 것이다. 생활 속 이야기를 털어놓으면서, 금기 위반도 담담히 감수하며 이 모든 여성들이 나에게 공통적으로 알려준 것은 바로 그들의 삶이 얼마나 소중한가였다. 이 모든 여성들의 삶은 더 없이 중요하며, 또 중요하게 다루어져야만 한다. 이들의 내밀한 고백을 통해서 나는 다만 몇 시간만이라도 여자들을 고립된 생활에서 탈출시키고 다른 여자들의 이야기로 초대하며 우리는 혼자가 아니라는 사실을 알려주고 싶었다. 그들의 이야기가 정치적이며 참여적이며 해방적인 면모를 띠는 것은 바로 이런 이유에서일 것이다. 이런 만남을 이루어가던 무렵, 나는 파티마 메르니시[1]가 셰에라자드라는 인물에 대해 한 말을 종종 떠올렸다. 셰에라자드로 말하자면 훌륭한

---

1) 1940-2015. 모로코의 사회학자, 페미니스트, 작가, 교수. 아랍 세계의 남성 중심 사회에 저항하며 성 평등을 위해 싸웠다. 2003년 수잔 손탁과 함께 아스투리아스 문학상 환상문학 부문 수상, 2004년에는 에라스무스 상을 받았다.

여성으로 묘사되어 있으나, 무슬림 여성들이 따라 하기에는 지나치게 버거운 인물이다.

　"술탄이 여성들에 대해 품은 강박적 증오가 곧 감옥이었다는 것을 깨닫게끔 셰에라자드가 도와줄 것이다. 왕에게 타인들의 불행을 들려주면서, 그의 흔들리는 영혼을 치유해줄 것이다." 모로코 사회에서 셰에라자드가 높은 평가를 받는다면 그것은 치명적이며 관능적인 매력을 지닌 중동 여성의 정화라서가 아니라, 오히려 그녀가 이야기의 소품 지위에서 벗어나 이야기를 이끄는 주체로 우뚝 서기 때문일 것이다. 여성들은 종교와 남성 중심 사회로 전락한 문화에서 스스로 자신에게 중요성을 부여할 수단을 찾지 않으면 안 되는 처지에 있다. 공개적으로 자기 이야기를 한다는 것. 이것은 이미 만연하여 일반화된 증오와 위선에 맞서는 여성들의 가장 힘센 도구일 것이다.

　이 책에 등장하는 여성들이 규격에서 벗어나 주변부로 보일 수 있는 행동을 감당한다는 것이 특히 모로코와 같은 사회에서 얼마나 용감무쌍한 행동인지 독자들이 알아주었으면 하는 바람이다. 모로코 사회는 집단 의존성이 상당히 강하다. 모로코인들에게 집단이란 벗어날 수 없는 운명이자 동시에 기회가 된다. 그것이 기회이기도 한 이유는 어떤 상황에서든 집단의 결속력이라는 것에 기댈 여지가 남아 있기 때문일 것이다. 집단과 개인이 맺는 관계란 그러므로 철저하게 이중적일 수밖에 없다. 모로코 사회가 품은 또 한 가지 축으로 '춤마'라는 개념이 있다. 치욕 또는 불편함 정도로 번역할 수 있는 이 단어는 모로코인에게 어린 시절부터 주입된다. 곧게 자라는 것, 순종적인 아이가 되는 것, 올바른 시민이 되는 것. 그건 또한 수치심을 인식한다는 말이며 부끄러움과 억제를 증명하는 말이기도 하다. "질서와 조화라는 건 서로 다른 집단이 후두드(경계)를 철저히 존중할 때만 존재하는 법이지. 모든 위반은 무질서와 불행을 불러오게 마련이야." 『여자들의 꿈』에서 파티마 메르니시는 이렇게 썼다. 위반의 대가는 혹독하며 "신성한 경계"을 넘은 여자는 호된 벌을 받고 사회에서 냉정하게 내동댕이쳐진다. 나에게 이야기를 들려준 여성들은 대부분의 모로코인들과 같은 삶을 살고 있다. 너무나 혹독한 집단의 폭정으로부터 스스로 해방되고픈 욕구와, 그렇게 얻을 자유가 어쩌면 지금까지 쌓아온 모든 전통을 한순간에 무너뜨릴지 모른다는 두려움 사이에서 가슴 찢어지는, 매우 치열한 내면의 투쟁을 겪으며 살아가는 것이다. 독자들도 공감하겠지만 이 책에 등장하는 여성들 모두가 그 모순을 증명한다. 반항하며 자아 해방을 모색하지만 곧 고개 숙이게 된다. 모두가 생존을 도모한다.

이 여성들의 이야기에 귀를 기울이며, 나는 우리가 알고 있는 것보다 훨씬 복잡하고 고통스러워 사람들이 오히려 안 믿으려 하는 이 나라의 현실을 말해줘야겠다고 생각했다. 현존하는 법과 도덕에 따르면 모로코의 모든 미혼 여성은 처녀여야 하고, 모로코 인구의 절반에 해당하는 젊은 남녀에게는 혼전 성관계가 금지되어 있다. 내연 관계도, 동성애도, 성매매도 존재할 수 없다. 모로코의 아이덴티티를 지키는 일에 신화에 가까운 믿음을 가진 극단 보수파에 따르면, 모로코는 유럽의 데카당스와 엘리트층의 자유주의로부터 지켜져야만 하는 매우 조신하고 고결한 나라다. 모로코라는 나라에서 간음 즉 '지나'에 대한 금지는 도덕적 명령에만 그치는 것이 아니다. 형법 490조는 이렇게 명시한다. "혼인 관계로 맺어지지 않은 남녀가 성관계를 맺을 경우 1개월에서 1년의 징역형에 처한다." 형법 489조에 따르면, "동성 간의 모든 유혹 행위, 자연의 법칙을 거스르는 행위는 징역 6개월에서 3년형에 처한다." 성폭행이나 태아에게 심각한 기형이 발견되었을 때를 제외하면 모든 낙태를 금지하는 나라, 근친상간 및 "간통을 저지른 모든 남녀"가 2년의 징역형을 받는(형법 491조) 이 나라에서는 하루가 멀다 하고 드라마를 방불케 하는 상황이 벌어진다. 우리 눈에 보이지도 들리지도 않지만 이 내밀한 비극들이 사람들을 갉아먹는다. 그 속에서 사람들은 위선으로 점철된 사회, 자신들을 심판하고 내동댕이치는 사회에서 살아간다는 느낌을 받는다.

물론 현실에서는 이 지배적인 법률 조항들이 매일, 매시간, 도처에서 우리를 우롱한다는 것을 모르는 사람이 없다. 모두가 알고 있으면서도 실제로 직시하거나 맞서지 않는다. 혼외 관계를 처벌하는 법률은 모두가 우습게 알지만, 당국은 공공연한 용인은 철저히 거부한다. 매일 백여 건씩 몰래 불법 낙태가 이루어지는 줄 잘 알지만, 당국에서 하는 일이라고는 임신중절 처벌법을 들이대어 약소한 벌금을 물리는 것뿐이다. 동성애자들이 공포와 굴욕 속에서 살고 있다는 것 역시 모르지 않지만, 당국이 그러도록 만든다. 권력과 권위를 쥔 모든 이들 즉 정부, 부모, 교사들은 전부 같은 말을 한다. "하고 싶은 대로 해. 들키지만 말고."

모로코와 같은 사회에서는 무엇보다 체면이 우선이다. 한 사람을 평가하는 데 기준이 되는 것은 실제 성생활이 아니라 광고처럼 내세운 겉꾸밈, 허위다. 하지만, 침묵 강요로는 더 이상 사회의 평화를 유지하고 개인에게 행복을 줄 수 없다. 우리 사회는 위선이라는 독약과 이미 제도화된 거짓말 문화에 갉아 먹히고 있다. 이 모든 게 폭력과 혼란과 무질서와 불관용을 낳는다. 보수주의자들 못지않게 태도가 확고한 자유주의자들은 이러한 현상을 찬양한다. 이들은 허황한 관념들을 두고 협상에 임할 태세가 돼 있는 듯하나 정작 모로코 사회는 여기에 대해 응답할 준비가 되어 있지 않다.

미니스커트를 입은 여성이 풍기문란죄로 처벌받고 동성애자들이 대낮에 거리 한복판에서 뭇매를 맞는 지금 우리에게 필요한 것은 사회 통합이고, 이토록 지나친 행위들로부터 사람들을 보호할 사회적인 제도다. 인근 다른 무슬림 국가들과 마찬가지로 모로코 역시 이런 고민을 피해 갈 수 없다. 이슬람 테러리즘이 점점 폭력성을 띠어가고 다른 무슬림 사회와 마찬가지로 모로코 사회도 전통을 고수할 것인가를 두고 심각하게 양분된 시점에 나는 이런 문제들에 접근하지 않으면 아무것도 풀어낼 수 없으리라는 걸 절감

한다. 종교와 법률에 어긋난다고 해서, 아니면 그저 우리가 추구하는 이미지와 맞지 않는다고 해서 현실을 외면할 수는 없는 법이다. 물러서고 싶은 유혹, 그리고 우리의 문화와 정체성이 이미 굳어져서 역사적 관점조차 가질 수 없는 것으로 치부하는 게으름에 현실을 양보할 수는 없다. 계몽사상이 지닌 가치, 성적 평등, 육체적 기쁨을 이슬람이라는 이름 하나로 전부 묵살하는 현실을 이제는 그만둘 때가 되었다. 이슬람교는 무엇보다 자유, 타인을 향해 열린 윤리이자 내면의 윤리로 보여야지 이분법적 도덕으로만 보여서는 안 될 것이다.

우리 사회에서 젊은이들이 기쁨을 만끽하고 여성들이 정정당당한 대우를 받기 위해서는 개인적이며 성적인 권리에 대한 총체적 개정이 이루어져야 한다고 나는 생각한다. 우리는, 적어도 공동의 고민에 대해 혹독하게 비난하거나 증오하는 대신 함께 참여하고 고민을 나누어야 한다. 우리 사회를 구성하는 개개인들은 어떤 자리를 차지할 수 있을까? 여성들을 비롯한 소수를 보호하려면 어떻게 해야 하는가? 종교적이며 사회적 규범에 대한 존중만을 강조하는 사회에서 어떻게 하면 경계에 놓인 것, 한계에 처한 것의 존재와 가치를 이해시킬 수 있을 것인가? 내밀한 사생활을 국가나 종교의 간섭을 받지 않고 오롯이 개인의 것으로 지킬 권리에 대해 어떻게 납득시킬까?

물론 나는 성에 대한 권리나 성적 자유가 어떤 이들에게는 대수롭지 않은 일화쯤으로 여겨질 수 있다는 걸 잘 안다. 모로코와 같은 나라에서 교육이나 건강, 빈곤과의 투쟁이 개인의 자유보다 훨씬 중요하게 다루어지는 건 어찌 보면 당연할 수도 있다. 하지만 성적 권리라는 것은 인간의 기본권이다. 성적 권리는 없어도 생활에 지장을 주지 않은 하찮은 부속품과 같은 권리가 아니다. 성적 권리를 실행하고 자기 몸을 있는 그대로 표출하고 위험 없이, 기쁨의 원천인 채로, 모든 강제로부터 자유로운 채로 성생활을 누리는 것. 그것은 모두에게 보장되어야 할, 절대로 양도해서는 안 되는 근본적인 요구이자 권리인 것이다.

성적 권리는 인권에만 해당하는 것이 아니다. 수많은 문명들이 남성의 섹슈얼리티를 중심으로 이룩되었다는 사실을 떠올려보자. 성적 권리를 지킨다는 것, 그것은 바로 여성의 권리를 지키는 문제와 직접 연결된다. 자기 몸을 있는 그대로 표출하고, 활짝 피어난 섹슈얼리티를 누리고, 가부장적 울타리를 과감히 가로지르는 권리를 얻어내는 데에서 우리는 정치 권력을 본다. 이 분야의 법률 개정을 요구하면서 우리는 남성적 폭력과 가부장적 가족 체계가 주는 억압에 맞서 여성들이 스스로를 지켜낼 수단을 쟁취할 것이다. 우리는 더 이상 두고 보고만 있을 수가 없다. 출산을 위한 목적 이외에 모든 성적 욕구가 철저하게 외면당하는 여성들에게 만연한 재난과도 같은 상황, 결혼 전엔 반드시 처녀성을 간직해야 한다는 의무, 결혼 후엔 수동적이며 순종적이어야만 하는 여성들의 처지를 두고 보기만 할 수는 없다. 자기 몸을 이처럼 불합리한 사회적 규약에 저당잡혀야 하는 여성이 시민으로서의 역할을 다할 수 없으리라는 것은 불 보듯 뻔하다. 이렇게 '성적인' 관점에서 침묵과 속죄만을 강요당한 여성들은 한 개인으로서도 철저히 부정된다.

미셸 푸코는 『성의 역사』에서 섹슈얼리티란 "남성과 여성, 청춘과 노년, 부모와 자녀, 교사와 학생, 신부와 평신도, 공무원과 국민 등 권력을 둘러싼 모든 관계들이 엇갈리는 고밀도의 교차로"라고 말한 바 있다. 여타 이슬람 국가들과 마찬가지로 모로코에서 성적 빈곤 상황은 개인과 시민사회 건설에 장애가 될 정도에 이르렀다. 납처럼 무거운 제복으로 무장한 남성들은 은밀한 가족 공동체 속에서 권위적인 모델을 계속해서 만들어나간다. 개인들은 체제의 강요에 적응하지 않을 수 없다. 2013년 1월 정치학자 오마르 사기가 《젊은 아프리카》에 기고한 기사는 상황의 심각성을 보여주기에 충분할 것이다.

"열여섯 나이에 단지 이성과 손을 잡았다는 이유로 경찰의 바짓가랑이를 붙들고 제발 경찰서로 끌고 가지 말아달라고 애걸복걸해본 적 있는 사람들, 그랬다간 가족들에게 경찰서에서보다 더 혹독하고 잔인한 일을 당할 거라고 빌며 매달려본 사람들, 독재 권력에 의해 팔다리가 잘려나간 인생을 살아가는 사람들. 우리가 바로 그런 사람들이다."

차례

소라야[2)]
: 명심해

　소라야가 내게 다가왔다. 나는 라바트의 고급 호텔 바에 앉아 있었다. 그녀가 내 옆 빈 의자에 한 손을 얹고 앉아도 되겠느냐고 물어왔다. "그럼요." 그 침착함에 반쯤은 놀라고 반쯤은 마음이 이끌린 나는 흔쾌히 대답했다. 미소를 띤, 꽤 달변인 그녀가 의자에 앉았다. 이렇게 소라야는 모든 것에 대해, 아무것도 아닌 것에 대해 입을 열기 시작했다. 서로 잘 알지도 못하면서 함께 술잔을 기울이는 두 사람 사이에 생겨날 수 있는 불편함 따위에는 아랑곳하지 않고서.

―――――――――――

2) 가명이다.(저자 주)

소라야는 내 책에 대해 아주 조금 언급했다. 우리가 만나게 된 건 사실 이 호텔에서 열린 작가와의 만남이 이미 끝난 후에 소라야가 내 사인을 받고 싶어 했기 때문이었다. 너무 늦게 도착한 소라야는 작가와의 만남에 참석 못했다. 그녀가 호텔 컨퍼런스 홀에 도착했을 때 토론은 이미 끝났고 사인회도 이미 철수했으며 나 또한 이미 자리를 뜬 뒤였다. 친절한 담당자가 소라야에게 내가 있는 바를 알려주었다. 나는 호텔 바에서 잠시 고독과 휴식을 누리던 중이었다. 이것은 내 옆에 앉은 소라야가 들려준 이야기이다.

　소라야는 마흔 살쯤 되어 보였다. 꽤 미인이었으나 일부러 멋을 낸 기색은 없었다. 머릿결이며 피부며 통 가꿀 줄 모르는 여자였다. 손톱 깎은 모양도 들쭉날쭉한 그녀는 줄담배를 피웠다. 그러나 그 미소, 광대하고 끝없이 정직한 소라야의 미소가 그 외모를 빛내주었다. 이상하게 보일 정도로 인자한 미소를 짓다가도 문득 개구쟁이 아이처럼 해맑은 웃음을 터뜨리기도 했다. 아주 살짝 시선을 내리며 건네는, 구겨진 종잇장 같은 웃음이었다. 말하자면 소라야는 도무지 심각한 기색이라고는 없는 사람, 세상의 모든 파토스로부터 비껴난 사람 같았다. 몇 번인가 나는 '참 예쁜 여자다.' 하고 생각했다.

　소라야가 자기 얘기를 들려주었고, 나는 몸을 뒤척일 엄두도 내지 못했다. 내 미세한 동작이 행여 그녀가 털어놓는 말들을 다시 틀어막진 않을까 하는 두려움에 앞에 놓인 잔을 집어 한 모금씩 조심스럽게 홀짝이기나 했을 뿐이다. 아이가 있느냐고 그녀가 물었고, 나는 그렇다고 대답했다. "나는요, 나는 아이가 없어요. 가질 수가 없었죠. 그게 제일 후회스러워요." 소라야는 아주 이른 나이에 질투심 많고 강압적인 남자와 결혼했다고 한다. 그리고 몇 년인가 아이를 가지려고 노력했다. 몇 번의 유산을 하고 치료를 받은 뒤 결국 임신을 포기했다. 그리고 이 실패는 부부가 갈라서는 결정적인 원인이 되었다. "게다가 별로 좋은 남자가 아니었어요." 소라야가 까르륵 웃었다.

　남편을 만나기 전에는 남자를 만나본 경험이 전무했다.

　"어렸을 때 난 정말 꽉 막힌 애였어요. 스무 살쯤 돼서 대학 다닐 때, 친구들은 오히려 좀 까졌달까, 남자 친구 얘기며 심지어 성관계를 어떻게 하는지에 대해서도 시시콜콜 얘기하곤 했거든요. 반면 나는 그런 것 자체가 너무 불편했죠. 난 처녀였고 좀 강박적인 데가 있었어요."

　이혼 후 소라야는 모든 금기로부터 자유로운 친구들과

어울리며 뭐든 스스럼없이 말하게 되었다. 친구들끼리 만나는 오후, 심지어 음담패설까지 전부 털어놓는 해방감에 그녀는 아찔한 위로를 받았다. 남자를 유혹하는 기술은 어떤 것인지, 남자를 육체적으로 미치게 만드는 방법이 뭔지 소라야에게 알려준 것도 바로 이 친구들이었다.

"그런데 우리 가족은 많이 달랐어요." 소라야가 자기 어머니에 대한 이야기를 들려준다.

"어머니는 여왕이었어요. 매우 드세면서도 아름다운, 극도로 권위적인 여성이었죠." 어머니는 아버지에게 병적으로 집착했다고 한다.

"언니 둘과 난 아버지에게 직접 말을 걸 권리조차 없었어요. 아버지와 단둘이 있을 기회라도 있을라치면 엄마가 당장 우리를 부엌이나 다른 곳으로 불러들였죠. 엄마는 아버지가 자기 아닌 다른 누구와도 함께 있거나 사랑하는 걸 참지 못했어요."

사랑받으면서도 늘 두려워하던 이 어머니는 딸들이 학교에서 공부 잘하고 사교적이기를 바랐다. 딸들이 생일 파티에 가는 것이며 저녁에 외출하는 것, 심지어 친구 집에서 하룻밤 자고 오는 파자마 파티도 허락했다. "우리를 믿기는 했겠지요. 하지만 날 어딘가에 데려다주고 잘 다녀오

028

라고 말할 때 엄마는 언제나 내 귀에 대고 이렇게 속삭였답니다. '명심해.'"

소라야는 웃었다. 온화하면서도 슬픈 웃음이었다.

"뭘 명심하라는 말이었나요?"" 나는 용기를 내어 물었다.

"처녀성을 잃어서는 안 된다는 걸 명심해, 그 말이지요."

그리고 이 신성하면서 끔찍한 명령은 끝없이 되풀이되며 머리를 조여오는 후렴구가 되었다. 나이가 들어서도 도무지 떨쳐버릴 수 없는 목소리.

"이 몸뚱이를 놓아주고 싶었어요. 이혼을 하고 나니까 (엄마는 내 이혼을 두고 무시무시한 실패라고 했죠.) 그제야 강한 사람이 된 것 같고, 내 인생을 비로소 내 손에 쥔 것 같은 기분이 들었어요. 내 몸이 나에게 줄 것이 참 많다는 야릇한 직관이 생겨났고 쾌락과 방치를 발견하고 싶어졌어요."

그래도 소라야가 만난 건 자신보다 나이 든 남자였다. 그녀는 남자에 대해 감각적이면서 인내심 있는 사람이었다고 묘사했다. 두 사람은 종종, 오랫동안 섹스를 한다. 남자는 "그대로 내맡겨, 놓아둬…… 몸과 마음이 흐르는 대로."라고 소라야를 설득한다.

"애를 써봤지요. 온 마음을 다해 노력했지만, 그렇게 안

됐어요."

그녀의 말이었다.

언제부턴가 이야기가 빙빙 돈다는 느낌이 든다. 소라야
가 들려주는 이 이야기들은 전부 강렬하며 아름답기까지
하지만, 핵심은 아닌 것 같다. 이 여자에겐 비밀이 있다. 나
는 담배를 한 대 꺼내어 물고 소라야에게도 권한다. 라이
터 돌이 돌아가지 않아 손톱에 흠집이 생겼다. 그녀가 옆
자리 손님에게 몸을 돌려 라이터를 빌린다.

"맞아요. 바로 이렇게 시작했어요. 내가 그 사람 쪽으로
몸을 돌려서 불 좀 빌릴 수 있을지 물었죠. 그 사람이 내
담배에 불을 붙여주었고, 나도 혼자고 자기도 혼자니 합석
하지 않겠느냐고 했어요. 그냥 그렇게 자기 얘기를 시작하
더라고요. 마치 친구한테 말하듯, 속을 털어놓아도 괜찮은
친구라도 되는 듯 그 사람이 살아온 얘기를 했어요. 난 완
전히 빨려들었죠. 홀딱 반하다 못해 무서운 생각이 들 지
경이었으니까요. 그 자리에 영원히, 그 사람 얘기를 들으
면서 아주 영원히 머물고 싶었어요. 그러면서 또 그대로
자리를 떠서 도망치고 싶은 마음도 있었고요. 그 사람은
말을 잘했어요, 솔직했고요."

붉게 달아오른 뺨, 문득 굳어진 시선. 남편이 전화를 걸

어온 건 바로 그 순간이었다고, 태어나 처음으로 남편의 전화를 받지 않고 무시했다고, 심지어 휴대전화를 꺼버렸다고 소라야가 말했다. 남자와 여자는 그렇게 아주 오랫동안 대화를 이어갔다. 밤 11시, 남자가 자기 집으로 가 한잔 더 하며 섹스를 하자고 권했을 때 소라야는 살짝 취기가 오른 상태였다. 감히 그럴 엄두는 못 냈다. 무서워진 소라야는 정신 나간 여자처럼 아무 변명도 없이 부랴부랴 자리를 떴다. 거리에서 친구에게 전화를 걸어 알리바이를 만들어달라고, 같이 영화관에 갔던 것처럼 해달라고 부탁했다. 그날 저녁에 상영한 영화 줄거리를 달달 외운 다음 남편 앞에서 그대로 읊었다. 그러고 나서 여자는 웃음을 터뜨리더니 이렇게, 가볍지만 결코 가볍지 않은 한마디를 덧붙였다.

"처벌을 피할 순 없었죠. 그래도, 그럴만한 가치가 있었다고 확신해요."

*

내가 모로코를 떠난 건 15년도 더 된 일이다. 그간의 세월과 물리적 거리 덕분에, 이토록 자연스럽게만 여겨지는 자유가 없이 살아간다는 게 얼마나 어려운 일인지 나는 분명 잊고 만 모양이다. 프랑스에서는 정신분열을 상상한다는 게 쉽지 않을 수 있다. 이슬람을 국교로 삼고 모든 주제에서 극단적으로 보수적인 법률을 적용하는 나라의 소녀가 자신의 섹슈얼리티를 발견하면서 느끼게 될 정신적 분열이 어느 정도인지, 프랑스에서는 가늠하기 쉽지 않을 것이다.

나는 모로코 사람이고, 모로코에 가면 이슬람 법률이 나에게도 적용된다. 나의 내면과 종교 사이의 관계가 어떠한가 따위는 아무 문제가 되지 않는다. 사춘기 시절 부모님은 나에게 설명해줄 수밖에 없었다. 비록 당신들의 신념과는 상반되는 것이었지만, 부모님은 혼외 성관계가 금지 사항이며 가족 구성원이 아닌 남자와 공공장소에 있는 것 역시 금지 사항이라고 했다. 동성애자가 될 수 없고 낙태를 할 수 없으며 불륜 관계를 맺어서도 안 된다는 것을 나는 이해했다. 낙태를 하지 못해 혼외자를 낳을 경우 내 아이는 어떤 법적 지위도 갖지 못할 것이다. 그렇게 아이는 사생아가 된다. 2004년에 새로 제정된 가정법은 혼외자의 신고를 허락하지만, 만일 아이 아버지가 인정하지 않는다면 어머니는 압드[3]라는 칭호가 포함된 성씨 명단에서 하나를

---

3) '~의 아들'이라는 뜻.

골라야 한다. 아버지 미상의 아이. 아이는 그렇게 사회에서 추방되고 사회적 경제적으로 소외된 희생자가 되는 것이다. 이처럼 소외되지 않고 혼외 관계에 덜미 잡히지 않으려고 어떤 여성들은 아이를 낳아 불법으로 버리기도 한다. 어려움에 처한 여성과 연대하는 연구소(INSAF) 협회의 통계에 따르면 2010년 한 해에만 하루 평균 24명의 아기가 버려져, 이름도 가족 관계도 없이 버림 받는 아기는 연간 8000명에서 9000명에 이른다. 통계에 포함되지 않은 아이들, 쓰레기통에 버려진 아기 사체들은 또 어쩌란 말인가.

요약하자면 혼외 관계에는 구원이 없다. 사회가 남성의 신체에 관용을 베푼다 할 때 남성들은 기뻐 어쩔 줄 몰라 할 테지만, 여성들에겐 부부 관계 밖의 모든 것이 금지돼 있기 때문이다. 혹독한 법이지만 법이 그렇다. 현실은 물론 법과 다르고 많은 사람들이 이 법칙들을 비껴간다. 심지어 법이 정한 원칙을 엄수해야 할 경찰마저도 뒷돈을 받아 챙기면서 문제를 해결하곤 한다. 마라케시나 카사블랑카, 라바트의 나이트클럽에 가면 흔히 볼 수 있는 일이다. 하지만 이 모든 것, 뿌리 깊은 임의성을 띠는 일들이 혼돈과 고뇌의 분위기를 형성한다. 누구나 운 나쁘게 안 좋은 상황에 처하고 나쁜 사람과 맞닥뜨릴 수 있으니까. 당신이 부자인지 가난한지에 따라, 큰 도시에 사는지 보수적인 마을에 사는지에 따라 법은 다르게 적용될 것이다.

청소년기에 나는 나의 성이 모든 사람과 관계된다는 것, 사회가 내 성에 대하여 권한을 지닌다는 것을 이해하게 되었다. 처녀성이라는 것은 모로코와 아랍 세계가 끈질기게 물고 늘어지는 주제다. 자유주의자든 아니든 종교가 있든 없든 우리는 이 강박에서 벗어날 수 없다. 모로코에서는 여전히 결혼을 앞둔 여자에게 '순결 증명서'를 요구하는 사람들이 있다. 물론 증명하기도 불가능하고 찾는 사람 또한 없는 남성의 동정에는 아무도 관심이 없다. 이와 더불어 처녀성 상실을 지칭하는 표현들의 적나라한 것도 지적할 필요가 있겠다. 여성들과 이야기를 나눠 보면 처녀성을 잃은 여자아이를 두고 한 남자에 의해 "깨졌다", "망가졌다", "흠집 났다"라고 말하며 이 끔찍한 "상흔"에 대한 조치가 필요했다고 말하는 이가 한둘이 아니었다.

성인 여성이 된다는 것은 굴욕의 여정을 지나는 것이다. 경찰관 앞에서, 공공장소와 같은 법정에서 여성이라는 것은 불리하다. 터키 소설가 리바넬리가 『해방』에 썼듯 "지중해 전역에서 명예의 개념은 여자들 다리 사이에 놓여 있다." 세상 인구 절반을 차지하는 여성들에게 떠맡겨진 짐의 무게는 결코 가볍지가 않다. 이상화되고 신화화된 처녀성이란 물론 여성들로 하여금 스스로 집에 갇힌 채 매순간 자신을 경계하도록 하는 운명적 강제의 수단인 것이다. 처녀성은 사적 질서의 문제라기보다는 집단이 집착하는 도구가 되었다. 또한 그것은 매일같이 처녀막 재생을 시술하는 이들, 성관계가 있는 날 피를 흘리도록 해줄 가짜 처녀막을 만드는 연구소들에게 화수분을 안겼다. 이제부터 확인할 이 성적 빈곤은 자본주의의 폐단에 다름 아니다.

사춘기가 되면 세상이 두 그룹으로 나뉜다. 섹스를 하는 그룹과 하지 않는 그룹. 여기서 하는 선택은 서구 세계 사춘기 소녀의 선택에 댈 바가 아니다. 모로코에서는 거의 정치적 선택이기 때문이다. 처녀성을 잃음으로써 여성은 자동적으로 불법의 세계로 떨어지는데 이것도 물론 가벼운 문제가 아니다. 그러나 이 선택을 하는 것만으로 끝난 게 아니다. 구체적인 욕망 실현의 문제가 있고, 거기에 제약이 너무나 많다. 젊은 연인들은 어디에서 사랑을 나누어야 하나? 부모님이 계신 집에서? 생각조차 할 수 없는 일이다. 호텔에서? 돈이 있어도 불가능하다. 한 방을 쓰고자 하는 한 쌍에게 혼인 증명서를 요구할 권한이 호텔에게 있다. 그러므로 갈 수 있는 곳이란 자동차 안, 숲 속, 해변, 공사장이나 황무지다. 그런 곳에서 발각될지 모른다, 경찰에 연행될지도 모른다는 끔찍한 불안감을 가지고 사랑을 나눈다. 모르겠다, 만일 열여섯의 어린 유럽 소녀가 같은 상황에 처한다면 그 불안의 강도가 어떨지 나로선 가늠이 안 된다.

그걸 내가 겪었다. 고등학교 마지막 해에, 한 남학생과 자동차 안에 있었다. 두 명의 청소년 사이에 충분히 있을 수 있는 순수하고 자연스러운 환심이었다. 문득 몇 미터 앞에 경찰 차가 멈춰 섰다. 경찰들이 우리 차를 향해 다가왔다. 우리가 무엇을 하는지 그들은 정확히 알고 있었다. 아닌 게 아니라 경찰이 이 숲 근처를 순찰하는 이유가 바로 그것이었다. 이 숲은 하루에도 십여 쌍이 사랑을 나누다 덜미를 잡히는 장소였다. 젊은이, 노인, 불륜 커플, 사랑에 빠진 고등학생들, 돈 있는 사람, 가난한 사람, 유칼립투스 잎이 드리운 그늘 아래 은밀한 욕망에 떠밀린 사람이라면 누구나 이곳을 찾았다. 이곳을 순회하는 경찰들은 풍기단속반이 아니지만 풍기단속반 구실을 한다. 사실상, 그들은 당신이 하는 일에 관심이 없다. 두 사람이 동의한 관계든 그렇지 않든, 그들은 당신의 안전을 살피는 일 따위에 시간을 낭비하지 않는다. 그들은 설렁설렁 다가와 법을 적용하든가 아니면 그걸 빌미로 잇속을 차린다. 왜냐하면 그들 중 십중팔구는 몇 푼 돈을 받아 챙기곤 못 본 척 돌아서기 때문이다. 그것이 바로 당신이 겪는 굴욕의 대가다.

　내 주위 소년들은 잔혹한 지형도를 만들어두고 있었다. 한쪽엔 "참한 여자애들"이 있고, 나머지는…… "나머지"였다. 남자아이들은 온종일 이렇게 읊어댔다. "참한 여자애들은 담배 안 피워." "참한 여자애들은 저녁에 외출하지 않고, 남자인 친구가 없고, 반바지를 입지 않고, 사람 많은 데서 술을 마시지 않고, 남자 형제들보다 목소리를 높이는 법이 없고, 남자들 앞에서 춤을 추지 않지." 그렇지만, 참한 여자애들이 언제나 우리가 믿는 것과 같지만은 않다는 걸 나는 알고 있었다. 세상 모든 사람들과 마찬가지로, 처녀성을 잃느니 차라리 항문 섹스를 선택하는 여자애들 또한 존재한다는 이야기를 나도 들었다. 나에겐 이러한 순결 개념이 없다. 솔직히 말하자면 나는 순결하다고 느껴본 적이 단 한 번도 없다. 이러한 상황의 역설이 무엇인가 하면 여성을 도발적이며 위험한 존재로 간주하고 그 성적 욕구에 굴레를 씌운 나머지 급기야 우리가 그토록 간직하고 싶어 하던 순결의 개념마저 부인하기에 이른다는 것이다. 나는 과오를 범하기도 전에 죄책감을 느껴야 했다.

　레바논의 시인이자 기자 주마나 하다드는 차별과 여성혐오의 존속 속에서 교육이 얼마나 중요한가에 대해 무척 열정적으로, 그러나 재치 있게 말한다. 그녀는 특히 아들을 마치 반신(半神)처럼 애지중지 기르고 딸들에게는 언제나 조신하라, 운명을 받아들일 줄 알라고 가르치는 어머니들에게 말을 건다. 2015년 독일 쾰른에서 집단 성추행 사건이 발생한 후 그녀는 이런 글을 기고했다.

　"이런 말을 하게 되어 미안하지만, 어머니들이여, 만일 당신의 아들이 자라서 성추행범이나 강간범, 폭행 가해자, 쓰레기, 악랄한 남편, 마초가 된다면 그건 사회와 문화의 문제만은 아닙니다. 어머니, 당신들 또한 책임자입니다. 당신의 딸들더러 남자들의 먹잇감이 되려고 그러느냐 입이 닳도록 닦아세우는 대신 당신의 아들에게 '너는 여자 사냥꾼'이라고 충고하는 걸 그만두세요. 딸들에게 아무 말도 하지 말라고 가르치는 대신 아들들에게 '듣는 법'을 가르치세요. 딸들에게 치마를 입지 말라고 하는 대신 아들에게 치마는 섹스 초대가 아니라는 걸 이해시키세요. 딸에게 전신을 가리라고 강요하는 대신 아들에게 설명해 주세요, 여성은 몸뚱이만 가진 존재가 아니라는 걸."

우리 아버지는 자유분방하고 수다스럽고 독립적인 세 딸을 두었다. 1940년대 페스에서 태어난 아버지로서는 딸들이 여성의 역할은 완전히 달라졌으나 여전히 막강한 보호막이 존재하는 사회에서 자라는 모습을 지켜보는 일이 결코 쉽지 않았을 것이다. 남녀평등과 같이 우리가 내면 가장 깊이에서 믿는 것들을 전해주는 일과 사회를 지배하는 보수적 도덕률 사이에서 아버지는 쉬지 않고 저글링을 해왔다. 때로 우리가 더 많은 자유를 얻어내기 위해 아버지를 조르거나, 보호받을 필요성보다 해방을 향한 욕구가 더 크다고 아버지를 설득하기도 했다. 그리고 나는 알고 있다. 평생을 살면서 아버지의 여성관, 또 이 세상에서 여성으로 살아간다는 것에 연계된 문제를 바라보는 관점도 마찬가지로 눈에 띄게 진보했다는 것을. 아버지가 우리를 교육했듯이, 우리도 아버지를 교육했다. 우리는 그렇게 함께 성장했다.

누르
: 달을 따달라는 얘기가 아니고요,
원하는 대로, 원하는 사람과
살고 싶을 뿐이에요

아가디르에 사는 청소년기 소녀들에게 문화 활동을 권하는, 이제 갓 창설된 협회로부터 연락을 받았다. 협회장은 일주일에 몇 번씩 소녀들의 방문을 받는다고 했다. 그는 소녀들과 영화나 음악에 대한 이야기를 나누기도 하고 그들이 듣는 음악을 함께 듣기도 한다. 그가 협회에 와서 내 책에 대한 얘기를 나누어줄 수 없겠느냐고 연락해왔을 때 나는 1초도 망설이지 않고 수락했다. 그리고 거기서 나는 누르를 만났다. 30대의 우아한 중산층 여성. 그녀가 나를 감동시켰다. 온화하고 정숙한 그녀는 무언가를 털어놓고 싶은 아주 거대한 욕망을 감추고 있었다.

가족 얘기부터 시작했다. 미혼인 누르는 아직도 부모님과 함께 살고 있었다. 아버지에 대해 그녀는 "모로코인 치고는 너그러운 편"이라고 말했다. 내가 무슨 뜻이냐고 묻자 누르는 조금 수줍어하며 이런 설명을 보탰다.

"아버지는 남의 시선에 정말 예민하지만, 어느 정도는 자유를 남겨줘요. 아닌 게 아니라 우리 집 다른 딸들보다 내가 좀 더 많이 누리는 편이고요. 무턱대고 안 된다고 한 적이 없고 토론이나 의견을 나누는 데 비교적 열린 편이죠. 그렇다고 해서 언제나 그렇진 못해요. 예컨대 스포츠 수업 받는 걸 왜 극구 반대하는 건지 통 모르겠어요. 그저 아버지 때문에 못하게 됐다는 사실만 알 뿐이죠.

엄마는 가정주부예요. 엄마와 아버지는 사촌간이었는데, 결혼하게 되어 바칼로레아를 치기 직전에 공부를 그만뒀어요. 그 일로 무척 속상해했던 걸로 알고 있어요. 엄마는 공부를 좋아했거든요. 그래서인지 공부를 아주 중요하게 생각해요. 언제나 내게 공부하라고 강요했죠. 엄마와는 절친한 사이에요. 뭐든 얘기할 수 있을 정도로요. 굉장히 트인 분이죠. 남자 친구 얘기도 하는데, 그렇다고 해서 아주 세세한 부분까지 하는 건 아니고요. 부모님과는 절대로 성에 대한 문제를 나누지 않아요. 부모님 입장에선 내가 결혼 첫날 밤 처녀여야 하는 게 당연한 일이죠. 엄마는 나에게 뭔가 있다고 냄새 맡은 것 같지만, 그런 얘기는 피차 꺼내지 않고 모른 체하는 게 습관이 되었어요. 근데 참 불행한 게, 특히 엄마와 꼭 나누고 싶은 얘기가 있거든요."

우리가 앉은 테라스를 얼음장 같은 바람이 휩쓸고 지나간다. 누르의 얼굴에 돌연 그늘이 드리웠다. 나는 아무 말도 하지 않는다. 커피를 한 모금 마시고 기다린다.

"난 다섯 살 때, 사촌한테 성추행을 당했어요." 이 한마디를 누르는 돌연히, 숨도 쉬지 않고 토해냈다.

"사춘기 시절 내내 혼자였죠. 여러 해 동안 그 어떤 남자애하고도 만나기를 거부했어요. 어느 날, 바칼로레아가 끝나고 나서였어요. 이유는 딱히 알 수 없지만, 여자 친구들에게 내가 겪은 얘기를 털어놓기로 마음먹었어요. 마침내 해방된 기분이었죠. 그 일을 겪었을 때 나는 너무 어려서 아무것도 몰랐어요. 집에서는 절대로 할 수 없는 얘기였죠. 우리 집에서는 아무도 성에 대한 얘기를 입에 올리지 않아요. 성추행이 뭔지, 여자는 어떻게 해서 임신을 하는지……. 이 모든 것에 대해 고등학생이 될 때까지 기다려야만 했죠. 그런데 거기서도 생물 시간에나 얘기하더라고요. 아주 냉담하고 과학적인 방식으로요."

누르는 울지 않는다. 떨고 있지도 않다. 비밀을 털어놓았으나 이상하게도 그녀는 더욱 단단해 보인다. 그 사건이 그녀를 무너뜨리는 대신 여성으로서 극단적인 선택을 하게 만들었다는 것을 나는 비로소 이해하게 된다.

"모로코 여성들은 욕망을 가질 권리조차 없어요. 여성들은 선택하지 않죠. 그런데 나는 좀 반항아 기질이 있었어요. 난 그런 모델에 반기를 들었죠. 사촌들처럼 어린 나이에 일찌감치 결혼했다가 2년 만에 이혼하고 싶지 않았어요. 정상적으로 보이기 위해 아무하고나 결혼하고 싶지 않았다고요. 선택할 권리를 갖고 싶었어요. 노처녀로 있는 게 나한테는 아무런 문제가 되지 않아요. 주변에서 난리죠. 누군가의 첩으로 살 수 있다면 결혼 같은 건 생각도 안 했을 거예요. 문제는 그게 합법이냐 아니냐가 아니라 사회가 그걸 용인한다는 거죠. 사람들의 시선, 그게 제일 성가셔요. 예를 들어, 흡연은 불법이 아니지만 우리가 거리에서 함부로 피우진 못하잖아요, 자칫하면 창녀 취급 받으니까.

바칼로레아를 치던 해였는데, 남학생과 데이트를 한 적이 있어요. 다 좋았는데, 남자가 몸에 손을 대기만 하면 난 다른 사람으로 변했어요."

누르가 멈칫하면서 뒤로 물러서는 시늉을 했다. 그때 그녀가 느꼈던 혐오감이 어떤 것이었는지 누르는 내게 그대로 전달하려 애썼다.

"자동 반사였죠. 그가 손을 대자마자 혐오스럽다는 반응이 왔어요. 그 후로 몇 년 동안 그를 피했죠. 우연히 다시 만나서 모든 걸 털어놓던 날까지. 놀랍게도 그 애는 전부 이해한다는 표정이었어요. 다시 몇 년이 흘렀고, 어떤 남자한테 정신 나갈 정도로 사랑에 빠지게 되었어요. 결국 사랑에 빠지는 게 약이더라고요."

누르가, 마치 그녀가 지금까지 증명했다고 생각한 순수함에 대해 용서라도 구하듯 웃음을 터뜨렸다.

"맞아요, 나는 누군가에게 푹 빠졌어요. 여자 경험이 많은 남자였지만, 난 다 받아들였어요. 그냥 좋았죠. 그렇게 8년 동안 그 남자를 만났어요. 시작 단계부터 결혼은 생각하지 않기로 서로 약속한 관계였어요. 서로를 알아가고 좋은 시간을 보내고 서로 나누는 게 전부인 관계였죠. 이 남자로 말할 것 같으면, 처녀가 아닌 여자와는 절대 결혼하지 않는 모로코 남자의 표본이었답니다. 처음 만났을 때 그는 시대에 한참 뒤떨어진 사고를 가진 사람이었어요. 나를 만나면서부터 자기가 가졌던 생각에 하나둘 의문을 품기 시작했지요. 지금은 처녀성이란 게 아무 의미도 없다고 자기 입으로 말해요. 그래도 말뿐이라는 걸 난 알아요. 사회, 부모님, 종교 등에 대해선 사고가 활짝 열린 것 같아도, 막상 결혼에 생각이 미치면 무조건 처녀를 찾는 거죠. 나와 성관계를 가졌던 다수의 남자들이 전부 그런 이기주의자들이었어요. 그러다가 한번은 섹스 자체가 넌덜머리 난 적도 있었죠. 나는 저들에게 즐거움을 주는데, 그런데 내가 마치 거기 없는 것 같아서."

누르가 말을 멈추더니 웃음을 터뜨리고 짐짓 으스대는 태도를 취한다. 고개를 돌려 엿듣는 사람이 없는지 확인한 그녀가 나를 향해 몸을 숙인다.

"하루는 남자처럼 해보기로 마음먹었어요. 퇴근길에 맘에 드는 남자를 골라보자고요. 자, 이거야말로 나에게 필요했던 일이었으니, 정말 실행에 옮겼죠. 진짜 끝내줬죠! 나는 그 남자를 갖고 싶었고, 남자는 나를 갖고 싶어 했어요. 왜 참아요? 못 할 이유가 뭐예요? 그대로 돌진했고, 정말 좋았어요. 그날 밤의 기억을 잊지 못할 거예요.

우리는 아버지보다 나이가 훨씬 많은 친척 고모님과 함께 살고 있어요. 고모는 고아예요. 정숙하지만 절망에 빠진 노처녀죠. 고모 눈엔 남자 친구가 있는 내가 정상으로 보일 리가 없어요. 하루는 이러더라고요. '같이 돌아다니면서 그놈들 시간을 빼앗으니 싫증이 나서 너하고는 결혼 안 하는 게 당연하지.' 게다가 고모는 내가 이미 처녀가 아니라는 걸 몰라요! 이따금 이런 생각이 들 때가 있어요. '고모가 남자랑 한 번이라도 자볼 수 있다면 얼마나 좋을까.'"

누르는 보수주의자들, 전통만을 고집하는 사람들을 동네에서, 집에서, 직장에서 늘 만난다. 동성 친구들 역시 언제나 우호적이지는 않기에 그녀는 자신의 성적 선택에 대해 좀처럼 드러내지 않는다. 누르는 이렇게 자신을 보호한다.

"종교, 그건 나와 나의 신 사이의 일이에요. 나는 이슬람교도이긴 하지만 실천하는 종교인은 아니지요. 반면, 아버지는 무척 신실해요. 은퇴한 다음에는 이슬람 사원에 갈 때가 유일한 외출이죠. 그래도 나에게는 전혀 강요를 안 해요. 옷차림이 그게 뭐냐는 등의 참견도 없죠. 요즘 종교를 앞세워 위협하는 사람들이 점점 많아지는 건 사실이에요. 대학 다닐 때 계단 강의실에서 있었던 일인데요, 100명의 여학생 중에서 네 사람이 히잡을 쓰지 않았죠. 정말 역겨웠던 건 히잡 안 쓴 여학생들을 나무란 축이 정작 신실한 신자도 아니었다는 거예요, 그저 남들 하는 대로 휩쓸

려서 그런 거죠. 그저 옷차림인데 온갖 일에 제약을 주고 인간관계에도 어려움을 미쳐요. 예를 들어 직장에서 히잡을 쓰지 않은 여자는 나뿐이에요. 남자들 많은 데서 일하거든요. 한번은 스커트를 입고 출근한 적이 있었는데 마치 벌거벗은 듯 끔찍한 느낌이었어요. 두 번 다시 시도하지 않을 것 같아요.

전에는 오후가 되면 여자들끼리 집에 모여 파티를 열곤 했어요. 그런데 언제부턴가 그런 일이 없어졌어요. 히잡을 쓰고 참석하는 종교 모임으로 변하면서부터 사람들이 한결같이 물어봐요. 왜 너는 히잡을 안 쓰느냐고. 심지어 어떤 여자가 종교적으로 가장 신실한지를 따지는 일종의 경쟁까지 생겨났어요. 사람들의 이런 강요가 싫어요. 우리 어머니는 히잡을 쓰지만 그게 나를 방해하진 않아요. 언젠가 나도 쓰게 될지 모르지만, 나 스스로 결정하고 싶어요.

다른 여자애들, 처녀들은 말이죠. 자기 욕망을 마음 구석으로 콕콕 처박아두는 거예요."

누르는 바닥을 꾹꾹 누르는 시늉을 한다.

"욕망을 꾹꾹 눌러 담아요. 다른 사람들처럼 나도 다 알아요. 히잡을 쓰고 다니는 여자애들 중에 처녀막을 지키겠다고 항문 섹스를 허용하는 애들이 있다는 걸요. 난요, 수

천 번을 물어본다 해도 순결을 간직한다는 명분에 그런 짓을 하느니 차라리 쾌락을 솔직하게 느끼는 편을 선택하겠어요. 그 애들은 쾌락이 뭔지 몰라요."

누르의 선택은 극단적이다. 자기가 받은 교육과 가정환경을 거스르기로 결심하고부터 누르는 완전히 불법 속에서 살아가야만 한다. 그녀의 고백이 이어졌다.

"가끔 걷잡을 수 없는 고통이 몰아칠 때가 있어요. 처녀가 아니니까 어쩌면 영원히 결혼 못 할 수도 있다는 생각도 들고요. 보수적인 가정에서 자라서 더 두려운 것도 있죠. 우리 동네 사람들은 누구네 집에 숟가락이 몇 개인지도 아는 데다 서로를 잘 아는 만큼 사적인 일에 대해서도 흉을 본다든가 얘깃거리를 만들어내죠. 난 이제 처녀가 아니니까 예전부터 알고 지낸 사람 말고는 절대로 결혼할 수 없을 거예요. 안 그래도 그 어떤 중매가 들어와도 안 나가겠노라고 부모님께는 이미 선언해두었어요."

한 시간 동안 누르의 감정선은 양극단을 가로질렀다. 때로 서광이 비치기도 했고 때로 근심이 드리우기도 하는 누르의 얼굴을 보며 나는 그녀가 선택한 '자유 여인' 역할이 완전히 행복한 것만도 아님을 분명히 느꼈다. 상황에 맞추어가며 시간이 흘러 여태 미혼이라는 점이, 자기 선택이긴 해도, 누르는 점점 버겁다.

"우리 동네에 도는 뒷소문을 전부 싹둑 잘라버리고 싶어요. 관계를 맺으면 남자는 늘 친구들에게 자랑하고 싶어하죠. 그러면 그 친구들이 또 이렇게 나오는 거예요. '쟤랑은 자면서 나랑은 왜 안 자?'"

누르가 어렵사리 털어놓는다. 지금 만나는 남자는 그녀를 처녀로 알고 있다고. 누르는 심각성을 도무지 가늠하지 못하는 얼굴이다. 놀라움을 감추지 못하는 나의 시선을 알아차린 누르가 태연히 덧붙인다.

"아무것도 모르는 여자처럼 행동해요. 토할 것 같은 방식으로 섹스를 하죠. 나에 대한 소문이 돌면서부터 무서워졌어요. 내 이미지의 문제예요. 모르겠어요, 정말."

처음으로 누르의 눈가에 눈물이 비친다.

"가끔씩은요, 돈을 모아서 처녀막 수술을 할까 싶기도해요. 부모님을 보기가 괴로워요. 실망을 안겨줄까 봐. 결혼도 못 하고, 특히 아이를 못 낳는 건 아닐까…… 이런 생각에 종종 사로잡혀요. 그리고 어김없이 이런 질문을 하죠. 과연 내 선택이 옳았던 걸까. 심지어 종교에 귀의하고 싶다는 마음이 드는 때도 있어요. 다시 히잡을 쓰는 여자들을 이해하는 마음이 들 때가 있다는 거, 아세요? 나는 궁정적인 사람이니까 그런 일은 없겠지만…… 또 모르죠.

만일 아버지가 아는 날엔 심장마비로 돌아가실 거예요. 엄마한테는 말할 수 있을지 몰라도 굳이 마음을 아프게 하고 싶진 않아요. 게다가, 성생활을 한다는 것, 그건 결코 쉽지 않은 일이에요. 항상 다른 사람의 집에 있거나, 아파트나 호텔을 빌려야 하는데, 그건 불가능하죠. 사실은 참 단순한 일인데도 우리는 할 수가 없는 것, 그게 바로 불행 아닐까요! 달을 따달라는 게 아니고요, 그냥 내가 원하는 사람과 살고 싶은 거라고요!"

*

모로코 정부는 두 개의 얼굴을 하고 있다. 한편으로는 현대적인 면을 드러내고 싶어 하면서 동시에 보수적이며, 특히 전통에 관한 한 원칙주의를 고수한다. 이 역설적인 기류가 오늘의 모로코라는 나라를 관통하며 이에 관한 격렬한 토론 역시 심심치 않게 목격된다. 일제히 패를 써서 기선을 제압하려는, 또는 반대로 금지된 것들을 그대로 금지시켜놓으려는 이들 간의 어떤 문화적 경쟁의 시대에 우리는 살고 있는 것이다. 이 같은 맥락에서 전통의 유지와 관련된 문제, 개인의 자유와 성적 자유를 주제로 하는 토론이 차츰 매스컴을 달구며 여론에 불을 붙인다.

2015년 초, 낙태 토론이 뜨거운 감자로 이슈화했다. 그때까지만 해도 형법 449조는 당사자의 동의가 있든 없든 낙태를 조장하거나 조장할 우려가 있는 사람에게 1년에서 5년까지의 징역과 함께 벌금 200~500디르함(18-45유로)을 물리는 처벌을 내렸다. 형법 454조는 스스로 낙태를 결정하고 시행한 여성들에게 6개월에서 2년까지의 징역형을 선고했다. 마지막으로 형법 455조는 낙태 모의자들 특히 알선자나 낙태 도구를 파는 자들에게 2개월에서 2년에 이르는 징역형을 선고하였다.

불법 낙태 시술에 맞서 싸우는 모로코 협회(Amlac)의 통계에 따르면, 하루 평균 600건의 불법 낙태가 자행되며 수백 명의 여성들이 끔찍한 환경에서 목숨을 잃는다. 의사와 운동가 들은 여러 해 전부터 이 무시무시한 수치를 세상에 알리기 위해 애써왔다. 이 투쟁의 핵심 인물인 샤픽 슈라이비 교수는 이를 사회적 이슈로 언론에 실리게 하여 마침내 입법자들이 여기에 진지하게 접근하게 만드는데 많은 공을 세웠다. 그리하여 2015년 1월과 2월 모하메드 6세 국왕 주재로 의사, 정신과 전문의, 종교 권위자, 불법 낙태 시술 반대 협회 대표 그리고 정치인들이 "이슬람 율법의 존중하에" 대토론회를 열었다. 그러나 아쉽게도 자발적 임신 중절에 대한 법안은 강간이나 근친상간, 심각한 수준의 기형인 경우만을 반영하는 데 그쳤다.

"모로코 사회를 구성하는 서로 다른 당파들이 각자의 의사를 표현하고 때로 개인적 체험까지 털어놓으며 진행된 이 논쟁은 무척 강렬하고 감동적인 경험이었습니다. 법이 정한 선이 우리가 생각하는 것만큼 분명하지 않은 부분이 있다는 것 역시 이 논쟁을 통해 알려진 새로운 사실이었죠. 의외로 개혁파들 가운데 오히려 위축되는 태도를 보이는 이들이 있었고, 이슬람교도들은 오히려 개혁에 찬성하는 입장이기도 했어요. 또 어떤 남성들은 격하게 찬성했지만, 오히려 반대하는 여성들이 있었습니다. 지금 생각해보면 무척 중요한 순간이었습니다."

토론에 참가해 열띤 목소리를 낸 정신과 전문의 자릴 벤나니의 설명이다.

사실상 이 논쟁은 여성의 성적 자유 및 여성들이 자기 신체에 대해 가질 권리의 문제에 접근하는 것을 막고자 위생적인 측면에만 집중한 면이 있었다. 슈라이비 교수는 《젊은 아프리카》에서 이렇게 밝혔다.

"모로코 사회는 정신병을 앓고 있다. 자국민을 보호하고 현대적인 사회를 만들겠다고는 하지만, 섹슈얼리티 문제는 여전히 금기로 되어 있다는 점을 우리 모두 상기해야 한다. 이는 전적으로 의학이나 위생에 대한 문제만이 아니다. 잘못된 낙태, 패혈증, 감염, 자살, 명예 살인, 유기 그리고 영아 살해 등이야말로 모로코 사회가 직면한 현실이며, 이 문제를 해결하는 데 우리 모두가 나서야 한다."

먼저 짚고 넘어가야 할 문제는 부부 사이의 관계를 제외한 성관계가 전부 불법으로 간주되는 나라에서 낙태를 합법화하기란 불가능하다는 사실이다. 다시 말하면 여성이 합법적으로 낙태할 수 있다 쳐도 만일 뱃속의 아이가 혼외자식이었다면 처벌을 면치 못한다는 이야기다!

2015년 여름에 나는 이집트의 페미니스트로 『히잡과 처녀막, 성 혁명을 위하여』를 쓴 모나 엘타하위를 만나 몇 시간 동안 열띤 대화를 나누었다. 나는 모로코 여성들과 나눈 대화, 그 증언을 공유하고 싶은 욕망, 그리고 무엇보다 해방의 욕망과 강요된 굴레 사이에서 끊임없이 흔들리는 이 여자들을 앞에 두고 내가 느끼는 분노를 토로했다. 가령, 몇 번이고 처녀막을 재생하고 싶어 하는 여자들은 왜 그렇게 많은지, 꼭 그렇게 하지 않아도 되는 상황임에도 구태여 히잡을 고집하는 여자들의 심리는 어떤 것인지에 대해서 말이다. 이 역행을, 느닷없이 이들에게 엄습하는 이 공포를 어떻게 설명하면 좋단 말인가. 격렬히 한탄하는 내게 모나는 농장에 붙들려 일하던 노예들에게 자유를 찾아 떠나라고 설득하는 데 한평생을 바친 미국 흑인 해방 운동가 해리엇 터브먼이 한 말을 환기해 주었다.

"내가 더 많은 노예들에게 그들이 노예임을 깨닫게 해 주었더라면 수천 명을 더 구할 수 있었을 것입니다."

해방, 그 시작은 의식하는 것이라고 모나가 말해 주었다. 만일 내가 만난 여성들이 자신들이 처한 열등한 처지를 인식조차 못 한다면, 그들은 영원히 그렇게 살아갈 것이다.

우리는 또 금기의 무게에 대해 이야기하다가 한 가지 중요한 지점에서 동의하게 되었다. 아랍 혁명, 중산층의 등장과 소셜 네트워크의 등장이 침묵의 바이러스를 어느 정도 풀어준 것은 사실이다. 모하메드 6세가 국왕이 된 1999년부터 모로코에는 전과는 사뭇 다른 표현의 자유가 생겨나기 시작했다. 미디어나 소셜 네트워크, 언론에서 또는 심지어 거리에서도 우리는 이제 전통 풍습, 성적 자유,

낙태에 대한 질문들에 접근할 수 있게 되었다. 확실히 여론은 매우 다양해졌다. 여전히 보수주의자들의 입김이 세긴 하지만, 그래도 이제는 말할 수 있는 기회를 가질 수 있게 되었다. 불과 얼마 전까지만 해도 침묵 속에 흘려보내고 말았을 다양한 일들을 미디어에서 다루고 그것이 여론을 형성한다.

이제 대중 매체에서는 섹슈얼리티 관련 소재를 다루는 게 거의 필수다. 1990년대에 잡지 《모로코 여성》은 몇 페이지를 새까맣게 칠해 가며 성 관련 기사를 실어서 주목받은 바 있었다. 지금은 많은 주간지들이 1면을 동성애라든가 모로코인들의 성적 만족도, 포르노그래피 등의 섹슈얼리티 소재에 할애하는 추세다. 세상 어디에서와 마찬가지로 섹스는 잡지에 날개를 달아주고 독자를 폭발적으로 모은다. 2000년대부터 생겨나기 시작한 사설 매체들은 이 사실을 정확히 인지했다. 히트 라디오 같은 독립 라디오 방송들은 성 문제를 취급하는 프로그램을 대폭 늘렸다. (83쪽 파티 바디 장 참고) 2017년 초, 텔레비전 채널 2M은 열 명의 모로코 유명 영화인들(소니아 테라브, 라일라 마라케시, 나르지 네자르 등)이 만든 「~가 본 사랑」이라는 제목의 다큐멘터리 시리즈를 방영하였다. 우리 사회 속 사랑의 감정에 대해 조명한 이 혁신적 프로그램은 단숨에 온 국민을 사로잡았다. 2017년 4월 3일엔 라일라 마라케시가 연출하고 나빌 아우크가 제작한 영화가 200만이 넘는 시청 회수를 기록하며 인터넷을 뜨겁게 달구었다. 물론, 2M은 "수치스러운", "포르노", "서양 사람들에게나 어울리는 짓거리를 우리 문화에 이식한" 불량 방송으로 지탄을 받았다. 젊은 등장인물들이 혼인 관계 이외의 섹슈얼리티와 성관계에 대해 스스럼없이 이야기하는 장면이 나온다는 이유에서였다. 카메라 앞에 선 젊은 여성이 마음을 단단히 먹은 듯 여성을 향한 모로코 사회의 위선에 대해, 그리고 처녀성의 신성화에 대해 고발한다. 2M 채널은 모로코 '사교계의 현실'을 탐사, 고발하는 취지의 이 프로그램을 끝까지 지켜냈으며, 연출자 라일라 마라케시는 조심스러운 한마디를 남기며 사태를 마물렀다. "모로코 사회에서 사랑과 섹슈얼리티에 대한 방송을 만드는 건 결코 쉽지 않은 일이었습니다."

모로코 사회는 이 모든 물음들에 대해 여전히 미온적이며 근엄한 태도를 버리지 않는다. 어린 시절 나는 섹스나 키스 장면이 몽땅 잘려나간 영화를 보며 도무지 줄거리를 이해하기 힘들었던 기억이 있다. 그런데 모로코 사회를 본질적으로 엄격하다고 단정하는 것은 부당하다. 애정 표현, 유혹, 유머 등은 모로코 대중문화에서 점점 많은 자리를 차지하고 있다. 그러나 여전히 남은 문제는, 30여 년 전부터 와하비즘[4]의 영향으로 이 하난[5]이, 작가 파티마 메르니시가 대중 문화의 기둥 중 하나라고 여기는 이 애정 표현이 침범당하고 있다는 사실일 것이다.

2014년 11월, 주간지《텔켈》이 주관한 여론 조사는 섹슈얼리티 문제에 대해 모로코 사회가 얼마나 보수적인가를 증명해주었다. 응답자 중 84퍼센트가 성적 자유에 반대하고 83퍼센트는 동성애에 반대했다. 놀랍게도 여성들이 오히려 더 보수적인 성향을 보였는데, 조사에 응답한 여성들 중 90퍼센트가 성적 자유에 대해 반대 의견이었다. 남성들의 경우 오직 78퍼센트로, 여성 응답자 비율과 사뭇

---

4) 18세기 이슬람 복고주의 운동의 주창자인 압둘 와하브의 이름을 딴 와하비즘은 코란을 문자 그대로 해석하고 음주, 도박, 춤, 흡연이나 화려한 치장 등을 철저히 금할 것을 주장하며 특히 여성이 아름다움을 돋보이게 하려고 치장하는 것을 금기시한다. 전문가들은 이슬람 국가들의 여성 차별이 여기에서 비롯되었다고 분석한다.

5) 아내나 어머니를 향한 애정, 사랑, 온화함.

비교되었다.

모로코에서는 거리에서 딥키스를 나누거나 공공장소에서 애정 행위를 하는 것도 상상할 수 없는 일이다. 내가 처음 파리에 온 지도 십여 년이 지났지만, 거리 한복판에서 부둥켜안고 키스하는 남녀를 보고 문자 그대로 놀라 자빠졌던 기억이 있다. 행인들의 시선은 아랑곳하지 않았을 뿐 아니라 행인들도 그들에게 무심했다. 이런 행동은 모로코에서는 상상조차 할 수 없고 심지어 위험하기조차 하다. 그것은 바로 모로코 북동부에 위치한, 극보수 성향으로 유명한 도시 나도르의 두 청소년이 겪은 일이기도 하다. 2013년에 각각 열다섯 살, 열네 살 난 소년과 소녀가 키스하는 사진을 페이스북에 올렸다가 지역 ONG의 고소에 따라 두 청소년뿐 아니라 사진을 찍은 친구까지 전부 연행되었다. 죄목은 '풍기 문란'과 '유해 사진 게재'였다. 이들의 체포 소식은 즉각 소셜 네트워크를 뜨겁게 달구었고, 이제 젊은 네티즌들은 반항의 의미로 저마다 키스 사진을 페이스북에 올리며 목소리를 내기 시작했다. 이렇게 2월 20일에는 개인의 자유를 위한 선택적 운동(Mali)의 선도하에 라바트 국회 앞에서 키스 인(kiss-in) 운동이 시작되었다. 대중의 압력에 떠밀려 나도르 정부 사법부는 결국 구속되었던 세 청소년을 석방했다.

하지만 가장 많은 잉크를 흘리게 만든 사건은 뭐니뭐니 해도 아미나 엘피랄리 사건일 것이다. 2012년 3월 탕헤르 부근 라라슈에서 열여섯 살 소녀가 쥐약을 먹고 자살했다. 집안끼리 친구 사이로 지내던 남자에게 강간당한 소녀는 가족과 강간범 가족의 주선으로 강간범과 결혼하게 된다. 그리고 이 사건으로 피해자와 결혼할 경우 강간범은 더 이상 법의 처벌을 받지 않게 된다는 형법 475조의 실체가 일반인들에게 널리 알려지게 되었다. 법에 따르면 미성년자 유린의 경우 1년에서 5년의 징역형 또는 200에서 500디르함의 벌금형에 처한다. 문제가 된 것은 다음 구절이었다.

"납치되거나 유린된 결혼 적령기 미성년이 가해자와 혼인하는 경우, 가해자는 혼인 무효를 요구할 권리가 있는 사람의 제소가 있는 경우에만 기소될 수 있으며 혼인 무효가 발효된 후에야 처벌을 받을 수 있다."

모로코 법안의 전근대성에 몇몇 비인간적 반응이 힘을 보탰다. 서구 문화의 인도주의적 개입이라는 케케묵은 논거를 갖다 붙이며 스스로를 정당화한 무슬림주의 장관 바시마 하카우이도 그 중 한 경우였다.

"형법 제475조가 국제 여론의 압력에 좌우되는 일은 없을 것이다. 따라 폐기될 위험성은 전혀 없다. 때로 강간 피해자와 강간 가해자의 결혼은 실질적인 피해를 줄이는 방편이 되기도 한다."

곳곳에서 반대 시위가 일어났다. 여성들은 자살한 소녀의 초상화를 휘날리며 이 땅에서 여성이 처한 조건에 대해 반기를 들었다. 소셜 네트워크를 통해 여론은 뜨겁게 달아올랐다. 각종 사회 단체들의 부산한 움직임은 결코 헛된 일이 아니었다. 소녀가 자살한 지 2년 만에 국회는 논란을 일으켰던 단락을 폐기했다.

현재 몇몇 극단주의 페미니스트와 개인 인권 옹호자들이 혼외 성관계를 금지하는 형법 490조를 폐기해야 한다고 공공연하게 주장하고 있다. 튀니지와 이집트의 봄 물결 속에 등장한 2월 20일 혁명 운동의 후예들은 성관계는 불법이 아니라고 생각하기 시작한 지 이미 오래다. 2009년 지네브 엘라주이와 입티삼 라크가르가 창설한 단체 Mali는 이 분야에서, 그리고 동성애자들의 권리를 위해 끝없이 싸우고 있다. 모로코 인권 협의회(AMDH)의 카디자 리야

디 역시 당국의 위선을 고발하였다.

"혼외 성관계가 모로코에서 이미 드문 일이 아니라는 걸 모르는 사람은 이제 없습니다. 이 모든 것을 은폐해야 한다는 사실이 오히려 남용을 낳고 개인의 자유를 파괴합니다."

가족과 연대 장관 누차 스칼리 역시 이 조항을 유지하겠다는 입법부의 위선에 용감히 반기를 들었다.

"우리가 외면할 수 없는 사회적 현실은 이 조항과 철저한 모순을 이루고 있습니다. 이 법을 집행하려 든다면 적어도 수십 개의 교도소를 새로 지어야 할 것입니다."

다수의 동성애자를 지지했으며 영화 「머치 러브드」 사건이 터졌을 때 나빌 아우크를 변호한 바 있는 유세프 셰비는 이렇게 말한다.

"우리는 모두 '불법'이 아닐 수 없는 시스템 속에서 살고 있다. 그렇기 때문에 우리는 모든 것을 두려워하며 동시에 어떤 일에도 무반응한 시민이 되어가는 것이다. 문제는 들키지만 않으면 된다는 것이다!"

그가 볼 때 이것은 도덕도 종교도 아니다.

"도덕이란 언제나 타인들의 도덕이라고 페레는 말했다. 어쨌든 법과 윤리는 서로 별개의 것이다. 지금 우리에게는 확실한 해명이 필요하다. 낡은 제도를 물려받은 동시에 혁신적인 기술 혁명 시대를 살아가는 우리는 일종의 잡종 세대라고 볼 수 있다. 50년이 채 못 되는 시간에 우리는 석기 시대에서 모더니즘의 시대로 넘어온 것이다. 인간 혐오와 여성혐오를 조장하는 이 구시대적 뿌리에 맞서 싸울 수 있는 유일한 방법은 바로 젊은이들을 결집하고, 우리 앞의 모순들을 직시하는 것이다."

다른 한편에선 이슬람주의자들이 목소리를 높이고 있다.

"혼인 관계 이외의 모든 성행위는 타락 행위이자 범죄로 간주된다. 유럽에서 시작된 자유방임주의 철학이 과연 이 땅에서 사회 관계나 가족 관계를 개선시켰다고 보는가? 나는 그렇게 생각하지 않는다."

아부자이드 엘모크리 하원의원은 단호했다.

2015년 6월 29일《에코노미스트》포럼 당시 혼외 성관계 합법화에 관한 질문이 나오자 이슬람주의 법무부 장관 무스타파 라미드는 이렇게 답했다.

"만약 그게 합법화된다면 나는 장관직을 사임하겠소. 어쨌거나 부부가 이미 살고 있는 집에 쳐들어가서 일일이 확인하는 일은 없을 거 아닙니까. 행여 결혼도 하지 않고 같이 사는 동거 커플 때문에 옆집 사람들이 밀고하지 않는 한 이들이 비판받을 일 또한 없을 텐데 합법화까지 할 이유가 도대체 뭡니까."

법안을 밀고와 이웃과의 관계에 적용하는 법무부 장관의 이상한 개념을 어떻게 해석하면 좋을까. 이처럼 공공장소와 사적인 장소 사이를 완전히 분리해버리는 개념은 모로코 사회의 절대 다수를 구성하는 보수주의자들이 만든 것이다. 혼외 성관계와 유혹의 인간적이며 자연스러운 부분에 대해 허용하는 방식의 하나로 사람들은 저 유명한 하디스[6]에서 "만일 네가 유혹에 들면, 은밀히 행하라."라는 구절을 환기하나, 어쨌거나 이 모든 건 오직 사적인 공간에서 이루어져야 한다. 이 논거는 동성애에 대한 논쟁에서 이슬람주의자들을 흥분시킨다. 우리는 동성애에 대해 관용하지도 허용하지도 않지만, 안방에서 무슨 일이 일어나는지에 대해서는 관여하지 않겠다. 이는 이슬람 정의 개발당(PJD)이 왜 베니 메랄의 어느 집 안에서 일어난 동성애

---

6) 예언자 무함마드의 말씀과 관행을 기록한 것으로, 코란에 버금가는 권위로 이슬람 법과 도덕 및 신학의 원천이다. 무함마드의 교우들이 전해주는 이야기를 다듬어 간추린 형식으로 되어 있다.

커플 습격 사건의 가해자들을 처벌하게 되었는가를 설명해준다. 논리는 다분히 기만적이지만, 그럼에도 법무부 장관이나 이슬람주의 국무총리가 혼외 섹슈얼리티나 동성애라는 주제에 증오 섞인 독설을 퍼붓지 않고 접근하는 것은 매우 새롭고 고무적인 현상이라는 걸 잊지 말아야겠다. 이런 문제에 대한 논쟁은 보통 상당히 팽팽하다. 2012년 6월 위성채널 마야딘의 한 방송에서 《알 아다트 알 마그리비아》의 편집장이자 기자 모크타르 라흐지우이가 성적 자유에 대해 용감무쌍한 의견을 피력한 적이 있다.

"성적 자유라고요? 그게 당신 어머니, 당신 여동생, 당신의 부인과 관련된 일이어도 그렇게 말씀하실 건가요?" 여성 기자 리나 자흐레딘이 반박했다.

"모든 여성들은 자기 몸에 대한 권리를 가져야 합니다." 라흐지우이가 대답했다.

신랄한 비평으로 이름난 도시 우지다의 극단주의자 압델라 엔하리를 기자들의 살인자, 청부살인자, 배신자라 부르는 데는 이유가 있었다. 기자 사나 엘 아지가 지적했듯, 만일 이 말이 아들이나 남자 형제의 성적 자유를 지켜내려는 여성 입에서 나온 말이었다면 그토록 격렬한 항의는 일어나지도 않았을 것이다. 왜냐하면 성적 자유에 대해서 마초 지배 세력들은 언제나 우위를 점하기 때문이다.

2016년 8월, 섹슈얼리티 관련 법안에 대해 우리가 지금까지 얘기한 모든 것을 한눈에 보여주는 사건이 발생한다. 사회의 위선, 법률 적용의 결과인 작위적이며 안전과는 거리가 먼 현실, 여론과 사적인 풍습 사이의 아찔한 차이를 여실히 폭로하는 이 사건은 무엇보다 모로코 사회 지도층들의 위선을 상징적으로 비추어 보인다.

사건은 새벽, 모하메디아의 해변가 낡은 벤츠 승용차 안에서 일어났다. 사건의 주인공은 62세의 파티마 네자르, 그리고 63세의 오마르 벤하마드. "성행위 체위"가 경찰에 눈에 포착된 두 사람은 "명백한 간통 혐의"로 그 자리에서 체포된다. 모로코뿐 아니라 북아프리카 다른 나라에서도 매일같이 목격되는 이 장면은 주인공이 누군가에 따라 아주 달콤한 상황이 되기도 한다. 이날의 주인공 커플은 PJD의 이데올로기적 분파인 개혁과 단일 운동당의 존경받는 간부들이었다.

히잡을 단단히 여민 파티마 네자르는 엄정하고 근엄한 얼굴로 세간에 각인된 인물이었다. 미망인인 그녀는 특히 매우 보수적인 연설을 하기로 유명했다. 가령, 자료 비디오 속 그녀는 여학생들에게 육욕을 금할 것을 권하고 지나

치게 여성스러운 시선과 웃음은 간음을 유발하니 피해야
한다고 역설하곤 했다. 그녀의 파트너, 이슬람학 박사 물
라이 오마르 벤하마드는 유부남인 데다, 2013년 페이스북
에 사랑과 관련된 글들을 금지하는 파트와[7]를 발표하여
명성을 얻은 인물이다. 다시 말해 두 사람은 악행과 일탈
에 맞서 싸우는 데 앞장선 인물들이었다. 둘은 간음, 동성
애를 격렬히 비난하며 모로코 사회에 병적인 엄격주의를
주입했을 뿐 아니라, 여성들의 자유와 음악 축제의 존폐
여부마저 공격해온 인물들이었다. 지나칠 만큼 신실한 사
람들이 종종 그렇게 되듯 성은 두 사람에게 오히려 강박관
념으로 자리 잡아, 그들은 한번도 법을 거스른 적 없는 이
들이 으레 지니는 후안무치로 호색가들을 향한 위협, 인간
혐오, 각종 증오를 양산하게 되었다.

물론, 이 사건의 파장은 컸다. 많은 여론이 이 두 위선자
들을 비웃었고, 극보수주의자들은 제발이 저린 나머지 연
인들을 위한 변명거리를 찾기에 급급했다. 하지만, 이 희

_____

7) 이슬람 학자가 이슬람 법에 관하여 코란과 샤리아에 비추어 내놓는 의
견. 법적인 판결이 아닌 종교적인 의견이지만, 몇몇 나라에서는 법 이상의
권위를 갖는다.

극 뒤로 비극을 감추려는 건 그릇된 발상일 것이다. 네자르와 벤하마드의 사건은 사실 매일같이 십여 명의 모로코 인들이 겪지만 무심히 간과되는 일들이기 때문이다. 그 와중에 이 두 무슬림은 임의로 선택되어 굴욕을 몸소 겪었을 뿐이며, 가장 내밀하고 사적이어야 할 성행위가 일단 노출되면 그들을 억압하기만을 기다리는 이들에겐 치명적인 무기가 된다는 걸 몸소 증명했다. 이에 대해 친PJD 성향의 인권 존엄 포럼 협회는 다음과 같은 성명을 발표했다.

"경찰 공무원에 의한 형법 490조, 491조, 492조의 적용은 시민의 개인적 자유와 헌법상의 권리를 침해할 수 있다. 마찬가지로, 이 잘못된 법 적용은 개인의 존엄성에 해를 끼칠 뿐 아니라 굴욕적이고 비인간적인 처우에 시민들을 노출시킬 수 있다."

정액과 그밖의 분비물이 묻은 손수건 등이 등장하는 추잡한 판결문의 세세한 내용들이 언론을 통해 일반에 공개되면서, 우리는 두 육십 대 노인이 둘만의 은밀한 시간을 위해 자동차 안에 숨을 수밖에 없었던 이 눈물겨운 상황 앞에 심장이 오그라드는 느낌을 받는다. 자신들의 안위를 지키려던 두 사람은 오히려 성적 빈곤의 상징이 되고 말았다.

조르
: 성을 해방하라!

조르와 나는 인터넷을 통해 연락을 나누게 된 사이다. 소설 홍보차 모로코에 머물 때였다. 조르는 내 작업에 대해 건너건너 들어서 알고 있었다. 나 역시 한 친구로부터 조르 이야기를 들은 적 있었다. 그 친구가 조르와도 아는 사이였다. 우리는 라바트 중앙역 앞에서 만나기로 했다. 플랫폼에서 나는 짧게 자른 머리에 최신 유행으로 차려입은 젊은 여자가 다가오는 것을 보았다. 걸음걸이나 사람들에게 말을 걸 때의 동작 등 모든 것에서 조르가 자기 자리를 만들기 위해 힘겹게 싸워온 사람, 타인들로부터 존중받는 사람이 되기로 마음을 단단히 먹은 사람이라는 걸 알 수 있었다. 우리는 역에서 멀지 않은 작은 호텔에 딸린 정원 나무 그늘 아래 앉았다. 조르는 사근사근하게 굴며 자아를 감추는 그런 타입이 아니었다. 그녀는 단도직입적으로 주제에 접근하길 원했다. 그녀의 설명이 시작된다.

"난 스물여덟 살이고 미혼이에요. 미혼인 게 너무 좋고 앞으로도 결혼할 생각이 전혀 없어요. 아니면, 뭐 요모조모 따져보고 하면 모를까. 결혼도 비즈니스 아니겠어요?"

전혀 로맨틱하지 않은 사고방식에 나는 퍽 놀란다. 이렇게 다소 도발적인 방식으로 그녀는 남자라는 주제에 접근해 갔다.

"전에 사랑에 빠진 적이 있었지요, 정말. 그렇지만 그 누구와도 함께 살고 싶은 마음은 없어요. 부부 관계를 이룬다는 통념으로부터 자유롭고 싶어요. 기필코 이 나라를 떠나고 싶은 건 바로 그런 이유에서예요. 불어오는 바람과 역방향으로 오줌 누는 거, 이제 정말 지긋지긋해요. 차라리 내가 떠나겠어요."

조르는 가난한 집안 출신이다. 그녀에겐 여자 형제 넷과 남자 형제가 하나 있다. 퇴직한 아버지는 작은 회사의 창고 관리인이었다. 평생 직장을 가져본 적 없는 어머니는 육아를 전담했다.

"아버지는 극렬한 보수주의자였어요. 고등학교 다닐 때였는데, 눈썹을 민 적이 있었어요. 아버지가 하던 기도도 뚝 끊고 이렇게 말씀했죠. '당장 다시 길러, 창녀도 아니고 그게 무슨 꼴이냐!' 또 이런 웃지 못할 일도 있었어요. 봉제 인형 두 개를 아버지 눈엔 용납할 수 없는 모습으로 포개놔둔 적이 있었는데 그것 때문에 어마어마하게 역정을 냈다니까요. 그런데 예전부터 쭉 보수주의자였던 건 또 아닌 것 같아요. 아버지는 43세나 되어서야 기도를 시작했으니까요.

어머니는 평생 직장을 가져본 적이 없어요. 아버지의 강요에 따라 언제나 히잡을 썼죠. 더할 나위 없이 순종적인 여성이었다고나 할까요. 내 눈에 어머니는 늘 희생자로 보였어요. 극도로 폭력적이던 외삼촌을 피해 나이 열여섯에 아버지와 결혼했어요. 아버지는 어머니에게 히잡을 쓸 것, 젤라바 속에 바지를 입을 것, 화장을 하지 말 것, 로션조차 바르지 말 것을 '명령'했어요. 내 경우 어린 시절 내내 남자와 자는 것은 몹쓸 짓이라는 소리를 귀가 닳도록 들었지만 머릿속에 진지하게 담아둔 적은 없어요. 그리고 우연의 신은 내 생애 첫 경험을 강간으로, 그것도 한번에 세 남자에게 당하는 강간으로 선물해주었죠. 열다섯 살 때였어요,

그때가. 고등학생이었고, 저녁 수업에 가던 길이었는데, 첫 번째 남자가 다가와 나를 방으로 유인해 가두었어요. 난 아무것도 모르고 어리둥절한 상태로 따라갔던 거고요. 그러곤 두 번째 남자가 들어와 나를 강간했어요. 처녀였으니 피가 나왔는데 오히려 남자가 더 놀란 것 같았어요. 외모만으로 따지면 나는 창녀처럼 자유분방하게 하고 다녔으니까요. 세 번째 남자가 일을 끝냈어요. 나는 몸을 일으키고 주섬주섬 옷을 입은 다음 버스를 타고 집으로 돌아왔죠. 그 당시 나는 강간당했다는 사실보다 부모님이나 사회의 시선이 더 두려웠던 것 같아요. 어쩌면 그들이 아닌 내가 감옥에 가고, 내가 그 남자들을 부추겼다는 말을 들을 것 같았고요. 학교 친구들 몇 명에게만 얘기했는데, 그게 삽시간에 소문으로 번졌어요. 결국 온 동네에 갈보 같은 년으로 낙인찍히게 되었죠.

강간은 드문 일이 아니었어요. 특히나 성 정체성이 이미 형성된 여자아이들에게요. 남자들은 성 정체성이 형성되었다는 것과 성관계에 동의하는 것을 같게 여기는 것 같아요. 그들에게 또 한 가지 유리한 점은, 당한 여자애들이 웬만해선 그들을 고소하는 일이 없다는 거죠.

그 뒤로 3년이 지났고, 나는 섹스란 게 어떻게 하는 건지도 모른 채 섹스를 했어요. 그저 아무렇게나, 기계적인 동작으로요. 나를 사랑하는 법이나 내 몸을 아끼는 법을 알려주는 남자는 아무도 없었어요. 그렇게 열여덟 살이 되어서야 클리토리스라는 걸 알게 되었죠. 남자애가 콘돔을 거부하기에 나도 삽입을 거부했죠. 서로의 몸을 어루만져주다가 문득 특정 부위에서 쾌감이 느껴진다는 걸 알게 되었어요. 그 길로 집으로 돌아가 일주일 동안인가, 자위만 하면서 지냈어요. 세기의 놀라운 발견이라도 한 기분이었죠. 돈 안 들이고 혼자서도 얼마든지 할 수 있는 어떤 것!"

조르가 정말로 어떤 생각을 하는지 알기란 어렵다. 조르는 강간에 대해서나 자위가 주는 쾌감의 발견에 대해서 절대로 흥분하는 일 없이 한결같은 어조를 유지해 상대를 오히려 놀라게 만드는 데서 기쁨을 느끼는 것 같았다. 그 안에 모종의 유희가 숨겨져 있다는 걸 나는 잘 알고 있다. 그녀는 그렇게, 무심한 기색으로 타인의 시선으로부터 스스로를 지켜내고 있었다. 나는 또한 알고 있다. 틀 밖으로 사람을 밀어내는 모든 것들이 너무나 폭력적이어서 그것이 다시 타인을 향한 폭력으로 반복된다는 걸. 조르는 어쨌든 운이 좋은 편이다. 끔찍이도 가깝게 지내는 여자 형제들과 많은 걸 털어놓고 나누며 살 수 있었으니 말이다.

"언니들하고는 숨기는 게 하나도 없어요. 강간 사건 이후 내 소문이 온 동네에 걷잡을 수 없이 퍼지고 나서 우리는 독일 방송 채널에서 틀어주는 포르노를 함께 보기 시작했어요. 부모님이 들이닥치기 전에 망보는 건 내 몫이었죠. 그러다 5시가 되면, 어머니와 함께 차를 마시면서 몇 시간 동안이고 죽치고 앉아 베누스 TV를 보는 거죠. 일찌감치 학교를 그만둔 어머니는 가방 끈이 짧아도 한참 짧았죠. 어머니에게 섹스란 금기와 같은 것이었으니 아마 이렇게 생각했을 거예요. '나한테는 가르쳐주는 사람이 없었지만, 난 이렇게라도 해서 우리 딸에게 가르쳐야지.' 어머니하고는 단 한 번도 섹스라든가 피임에 대해 얘기해본 적이 없어요. 게다가 피임에 대해서라면 어머니도 아는 게 전혀 없었죠! 어느 날엔가, 내가 엄마에게 설명해주었어요. 피임약이라는 건 매일 먹는 거지 먹고 싶을 때만 먹는 게 아니라고요. 미리 알았더라면 어쩌면 엄마는 그 많은 아이들을 낳지 않았겠죠.

부모님은 처녀성에 무척 집착했어요. 언니들이 결혼할 때 형부네 가족들은 하나같이 순결 증명서를 요구했고, 아버지는 그걸 줄 수 있다는 사실에 무척 뿌듯해했죠. 그래서 그게 어떻게 생긴 건지 언니가 알려주었죠. 그림으로도 그려 보여주고 이야기도 들려주면서."

그런 가정환경에서 자란 그녀가 어떻게 모든 규약들로
부터 스스로를 해방시키는 데까지 이르게 되었는지를 묻
자 조르는 웃음을 터뜨렸다.

"책을 많이 읽어서 그렇다고 대답하면 될까요. 이 점만
큼은 아버지에게 정말 감사해요. 토요일마다 아버지는 나
를 데리고 책을 빌리러 갔죠. 내가 즐겨 고른 건 해부나 인
간 신체에 관한 책이었어요. 아버지는 그런 나를 보고 이
다음에 의사가 될 거라고 생각했는지 제법 흐뭇해하는 눈
치였어요. 뭐든 내가 원하는 대로 고를 수 있도록 놔두었
죠. 그리고 점점 나란 아이는 어떤 면에 있어선 도무지 다
루기 쉽지 않다는 걸 알게 되었어요. 부모님 모두 극단적
보수주의자라는 것도 나한텐 소용없었어요. 결국 현명한
분들이었다고 생각해요. 기도도 강요하지 않았으니까요.
아버지는 직업을 선택하는 데 제약이 될 수도 있다는 이유
로 내가 히잡 쓰는 걸 단호히 막으셨어요.

나는 여중을 다녔는데, 거기선 섹스 얘기가 너무 흔했
죠. 포르노는 일상이었으니까요. 저소득층이 사는 동네
에 사는 여자애들은 동네 건달들하고 많이 어울리곤 했어

요. 방금 출소해서 우쭐대는 놈팡이들이었죠. 대학 시절엔 1년 동안 기숙사 생활을 했어요. 엄청난 교훈을 얻은 시기였죠. 모든 사람들이, 정말이지 모든 사람들이 섹스를 한다는 걸 알게 되었으니 말이에요. 심지어 온몸을 부르카로 가린 여학생들에게도 성생활은 존재하더라고요. 중요한 건 어떻게 감추느냐였죠. 공공장소에서 여학생들은 언제나 싫다 아니다 모른다, 아무것도 모르는 숙맥처럼 굴어요. 투사 정신으로 모든 걸 털어놓는 사람은 거의 없었죠. 대부분은 친구에게 하는 말과 가족들과 나누는 말이 다른 이중생활을 챙기고 있으니까요. 능력껏 그렇게 꾸려가는 거예요.

대학 시절 나는 섹스가 언제나 도구화되어 있다는 느낌을 받았어요. 히잡을 두른 여학생들은 결혼을 꿈꾸며 섹스를 하죠. 또 어떤 여학생들의 경우는 학비를 대거나 원하는 물건을 사기 위해 몸을 팔았어요. 바로 옆방에는 여학생 셋이 함께 살았는데, 완전히 인정했어요. 밤이 되면 경비 아저씨의 은밀한 공조 덕분에 기숙사에서 나갈 수 있었죠. 그리고 주말이 되어 부모님들이 데리러 오면 다시 히잡을 쓰고 발목까지 내려오는 외투를 입고 기숙사를 나서는 거예요. 성병에 걸리지 않으려고 그 애들이 사용한 구닥다리 방법들을 분명히 기억해요. 과학적 효험 없는 할머니 세대들의 미신 같은 거 말이에요. 어쨌거나 모로코에서 가장 위험한 성병은 바로 임신이에요."

내가 보기에 조르는 모로코 젊은 세대의 표상이다. 조르는 환경이 만든 정신분열증을 묵묵히 받아들였다. 다른 많은 또래 젊은이들과 마찬가지로 자기가 속한 다양한 환경과 공간에 자신을 맞춰나가고 있었다. 특히 조르는 자신이야말로 진정한 사회적 지위 상승을 깨달은, 대도시에서 혼자만의 삶을 누리며 배우자를 직접 고르게 된 첫 번째 여성 세대에 속한다는 것을 인지하고 있었다. 다시 말해, 이 나라에는 이제 처음 등장한 새로운 라이프스타일의 주인공이 조르였다.

"우리 세대는 인터넷과 함께 성장했어요. 그러다 보니 우리 주변, 우리 동네, 우리 나라에서 벌어지는 일들을 깜빡깜빡 잊는 것 아닌가 하는 느낌이 들기도 해요. 우리가 살아가는 방식은 어떤 면에서 가상 세계라고 할 수 있죠. 어쨌거나 확실한 건 섹스는 사치가 아니라는 거예요. 수입이 어떻든 간에, 섹슈얼리티와 성적 욕망은 누구에게나 있어요. 나도르의 키스 사건[8]에 대해 다시 생각해볼 때, 나는 우리가 보수적이라기보다는 차라리 열등감에 빠진 사람이 아닌가 하는 생각이 들어요. 사랑이라든지 다정한 애무 같은 것들도 섹스 못지않게 터부시되죠. 어느 날, 영화를 보면서 웃음을 터뜨린 적이 있어요. '저 남자애가 저 여자애를 사랑하네!' 이 말을 하기가 무섭게 아버지는 교육을 잘못 받았다면서 다짜고짜 따귀를 때렸죠. 나는 사랑은 자동으로 섹스로 이어지는 것이며 사랑에 대한 모든 증명은 곧 섹스라는 사고 속에서 성장했어요. 부모님은 단 한 번도 사랑의 동작들을 주고받은 적이 없었고요."

조르가 볼 때 개정되지 않는 헌법은 윤리나 종교적이라기보다는 정치적 선택이다.

"그들이 우리를 계속 절망시켜요. 우리가 처한 삶의 조건들을 개선하려 고민하는 게 아니라 우리가 누구와 어떻게 섹스를 하나 사생활을 캐낼 궁리뿐이죠. 오늘 아침에 개를 산책시키다 보니 어떤 남자가 하수구에서 잠을 자고 나오더라고요. 내가 자란 동네에선 세몰리나 값이 1디르함 오르면 여자들이 금요일 하루 쿠스쿠스를 굶어요. 엄청난 가난이 일상이 된 우리는 반항이 뭔지, 저항이 뭔지 모

8) 58쪽 참고.

르죠. 섹스할 장소를 찾는 정말 별것 아닌 일에도 엄청나게 전전긍긍해야 해요. 전엔 남자 친구와 화장실에서 섹스한 적도 있어요. 아파트를 빌릴 돈도 호텔에 갈 돈도 없었으니까요. 하루는, 남자 친구와 부둥켜안고 있을 때 경찰이 들이닥쳤어요. 그러곤 내게 다짜고짜 욕을 퍼붓더군요. 지금 무슨 짓을 하는지 네 아버지가 아느냐고 묻길래, 우리 아버지는 나에게 관심도 없고 오히려 날 직접 경찰서로 데려다놓을 사람이라고 대꾸해줬죠. 100디르함만 찔러주면 끝날 문제라는 걸 나도 알고 있었어요. 참 어처구니없죠.

많은 남자들에게 여자란 마스터베이션용 구멍쯤으로 정리되는 것 같아요. 여자들은, 성에 대해 말할 때 아주 노골적이고 저속해져요. 남자애들보다 훨씬 세세하고 노골적으로 말하거든요. 서로를 지켜주는 동시에 정보를 주고받죠. 우리에겐 연대라는 게 있어요. 남자들 중 대다수가 자기 여자가 독립적으로 변해가는 걸 못 견딘다는 걸 말해둘 필요가 있어요. 대학 다닐 때, 학생과 주임이 밖에서 담배 피우는 나에게 이유를 물은 적 있죠. 그분에게 나의 행동은 불명예이자 학교의 치욕이었겠죠. 수많은 남학생들이 집 안팎에서 너구리를 잡아대는데도요. 정말 짜증 나는 건요, 품행과 도덕에 대한 형법 조항들 중 온전히 여자들에게만 해당되는 부분들이 있다는 거예요.

혼자 사는 여성들은 아파트를 구하는 사소한 일 하나에도 전투 훈련 못지않은 고통을 감당해야 하죠. 우리 부모님은 반대하지 않았어요. 내가 스스로 일을 해서 생활을 꾸려 나가기 시작하면서부터 나는 더 이상 부모님의 의견을 구하지 않게 되었어요. 하지만 혼자 사는 여자한테 세를 주겠다는 집주인을 찾기까지 꼬박 세 달이 걸렸죠. 집주인들은 매번 이러니 저러니 핑계를 댔어요. 사실 두려웠던 건 동네에 떠돌 뒷소문이었겠지요. 그들의 생각은 뻔했어요. 혼자 사는 여자는 남자들을 집에 끌어들이거나 매음굴을 열 거라는 것. 심지어 아버지로부터 허가증을 받아 오라는 사람도 있었어요. 그런데 말이죠, 내가 아버지보다 두 배는 더 벌어요, 웃기고 있기는!

이 나라에선 옷조차 마음대로 입을 수가 없어요. 광고에선 오히려 반나체 여자들을 수시로 등장시키면서 말이에요. 현실은 밤 9시만 되어도 외출 금지예요. 그 시간부터 거리는 우리 것이 아니죠. 공공장소에서 우리는 철저한 불청객이죠. 라디오나 여성 매체에서 섹스 얘기를 많이 다루긴 해요. 하지만, 그렇다 해도 법적인 한계를 넘지 않죠. 특정한 것들에 대해 말하긴 해도 한계란 분명히 존재해요. 요즘은 이런 주제에 대해 과감히 다루는 협회나 운동가들이 등장해서 어떤 단체들은 동성애를 해방시키자는 주장까지 펼친다죠. 하지만 그보다 먼저, 성을 해방시키는 게 어떨까요!"

파티 바디
: 성 문제 앞에서 모로코인들은
꽉 막혔으면서 또 강박적으로 푹 빠져 있다지

2012년 한 해, 매주 일요일마다 파티 바디는 성의학자 독 사마드와 함께 독립 방송 히트 라디오에서 한 프로그램을 진행했다. 「네 얘기를 들어줄게」는 밤 10시부터 자정까지 방송되는 주간 매거진이다. 젊은 여성 진행자가 방방곡곡에서 날아오는 고민거리를 나누고 충고를 기다리는 젊은 청취자들로부터 전화, 이메일, 문자 메시지를 받는다. 나는 그녀를 만나고 싶어졌다.

우리 프로 청취자들에게는 한 가지 공통점이 있었어요. 그들은 특히 자기 몸에 대해 철저하게 무지합니다. 모로코의 젊은 남성들은 말 그대로 골머리를 앓고 있어요. 주변으로부터 일찌감치 성관계를 가지라는 부추김을 받지만, 정작 올바른 성생활에 대해 설명해주는 사람은 전무한 거죠. 이 나라 교육 시스템에는 성교육이라는 게 없어서 많은 젊은이들이 무지로 고통받아요.

오래지 않아서 우리 방송의 진정한 목적은 바로 이 젊은이들을 교육시키는 데 있다는 사실을 깨닫게 되었죠. 하지만 해야 할 엄청난 일들이 내가 감당할 수준을 넘은 거예요. 내 귀에 전달되는 모든 사연, 특히 슬픈 사연들에 온 마음과 귀를 기울였어요. 일상생활에서 모로코 사람들은 공개적으로 말하는 데 익숙하지 않아요. 그래서 방송에서는 거침없이 털어놓는 거죠. 저녁마다 3000통이 넘는 전화를 받았으니까요! 그중엔 자기가 걸린 성병에 대해 아주 상세히 들려주는 청취자도 있었어요. 또 어떤 청취자는 본인이 당한 강간이나 폭행, 강제 결혼에 대해 털어놓기도 했죠. 전부 우리가 어떤 해결책을 제시해주길 기다렸지만, 현실적으로 어떤 해결책도 찾을 수 없는 경우가 허다했어요.

최악은 케니트라에 사는 고작 열세 살 난 소녀 청취자의 사례였어요. 아버지가 자길 아버지 친구에게 주었다는 거였죠. 결혼을 성립시키기 위해 어른들이 소녀의 나이를 속

여서 신고했다더군요. "중학교도 가고 싶고 친구들하고 놀고 싶어요. 나를 대신해서 남편한테 전화 좀 해주시면 안 될까요? 남편이 밖에서 자기 또래 아줌마들을 만나고 가끔 집에까지 데려온다는 걸 나도 알아요. 남편을 기쁘게 해주고 싶어서 포르노를 보지만 남편은 나를 건드리지도 않아요." 소녀의 사연에 나는 분노하지 않을 수 없었죠. 보통 이런 전화가 많이 왔어요. 대부분 라디오 말고는 다른 여흥거리가 없는 중소 도시의 청취자들이죠.

페이스북 덕분에 젊은이들이 생각하는 금기의 모습은 사뭇 달라졌어요. 독립 라디오 역시 표현의 자유에 상당 부분 기여했죠. 조금만 귀를 기울여보면 성 문제가 무척 자유롭고 고삐 풀린 듯 중구난방이라는 걸 알게 되는데, 금기가 그런 방식으로 폭발하다니 정말 입을 다물기 어려울 지경이죠. 어떤 아버님은 전화를 걸어와서는 자기 딸이 아직 성적으로 만개하지 않았으니 직접 조언을 해주고 싶다고 하시더라고요.

마찬가지로 성폭력이라든가 매 맞는 여성들, 강간당한 여성들에 대한 이야기도 많았어요. 청취율은 폭발적이었는데, 그건 남의 이야기를 훔쳐 듣는 데서 대리만족을 느끼는 심리 때문이었을 거예요. 모든 미디어에서 섹스는 이제 비즈니스의 대상이죠. 어딘가 미심쩍은 이맘[9]을 섭외해서 사람들에게 어쭙잖은 충고를 건네게 하는 종교 방송도 있잖아요. 약초상이라든가 약장수들만 신난 격이죠. 사회는 여전히 소심하고 신중하며 보수적이면서 동시에 섹스와 퍼포먼스에 강박적으로 사로잡혀 있어요. 사람들은 이 이중성 사이에서 고통스러워하고요. 모로코 사람들은 포르노그래피 산업의 엄청난 소비자이고 미팅이나 채팅 사이트에 병적으로 집착하죠. 그럼에도 성에 대한 지식은 오히려 순박한 수준이에요. 심지어 결혼한 부부들 사이에서도 이 수준은 변하지 않죠. 어느 정도 교육을 받았으면서도 단 한 번도 산부인과 진료를 받은 적이 없을뿐더러 음료수 한 잔을 마시기만 해도 에이즈에 감염된다고 믿는 여성들을 만나보기도 했어요.

나를 절망하게 하는 건, 모더니스트들에게서 발견되는 무기력증이에요. 그들은 안락함과 특권을 희생하고 싶어 하지 않죠. 아무도 나서지 않아요. 우리 사회에선 도무지 답을 찾을 수 없을 정도로 꽉 막힌 보수주의자들의 입김이 너무 세기 때문이죠. 극보수주의자들에겐 한계라는 게 없

---

9) 이슬람교 사제.

어요. 게다가 매우 과격한 행동파들이죠. 이들이 동성애자가 사는 집 앞에서 시위를 벌이는 걸 볼 때, 아니면 변호사가 제니퍼 로페스를 상대로 소송을 거는[10] 걸 볼 때면 말할 수 없이 참담해져요.

뿐만 아니라 우리는 서구와 굉장히 복잡한 관계에 놓여 있어요. 서구는 우리에게 모델이지만 우리는 서구를 돋보이게 하는 역할만 할 뿐이죠. 유럽에 대해 우리가 품은 열등감이란 건 상상을 초월해요.

이 모든 성적 절망이 사회 관계를 폭력이나 사악함으로 이끈다고 생각해요. 모든 사람이 거짓말하고 감추면서, 성 관계란 누군가에게 압력을 행사하는 수단으로 변질되는 거죠. 예를 들어, 악의를 품은 남자들은 관계가 끝나고 나서 상대 여성의 나체를 공개하며 치욕을 안겨줄 뿐 아니라 여성의 명성을 파괴하는 경우도 있어요. 또한 여성들은 지속적으로 거짓말을 하며 성모 마리아처럼 정숙한 여인 놀이를 계속 해야만 하는 상황에 빠져 옴짝달싹 못하죠. 히잡을 쓰고, 순수하다 못해 꽉 막힌 것처럼 보이는데 알고 보니 유부남의 정부더라 하는 여성들을 내가 얼마나 만나

---

10) 94쪽 참고.(저자 주)

봤을 것 같아요?

우리 어머니 세대가 했던 페미니즘 운동은 실패했고, 세대 교체는 아직 이루어지지 않았어요. 철저하게, 무슨 수를 써서라도 법과 제도에 맞서야 해요. 기존의 이 모든 시스템을 거부해야 하고요. 그런데 문제는, 우리는 여전히, 끊임없이 불법 속에서 살아가야 한다는 거겠죠. 만일 누군가 나에게 원한을 품은 사람이 있다면 그는 언제든 어떤 이유로든 꼬투리를 잡아 나를 감옥에 넣을 수 있다는 말입니다. 우리 사회의 풍습과 문화가 우리를 불법 속으로 밀어넣고 있어요. 바로 그 때문에 투쟁을 끝까지 해낼 수가 없어요. 우리도 무서우니까요.

신경 쇠약증 사회
: 2015년 광기의 여름

　칸 영화제 감독 주간에 소개된 나빌 아우크 감독의 영화 「머치 러브드」는 개봉되기 무섭게 모로코에서 극도로 난폭한 논쟁에 휩싸였다. 마라케시에 사는 네 명의 창녀가 나누는 우정에 관한 이미지 몇 개를 공개하는 것만으로도 대중과 여론의 분노는 시작되었다. 영화, 감독, 그리고 여배우들은 갖은 욕설과 살해 협박을 받았다. 정보부 장관은 영화를 보기도 전에 이 영화가 모로코에서 개봉되어서는 안 된다고 선언했다. 나빌 아우크의 영화가 훼손시킬 모로코 여성들의 순결하고 전적으로 비현실적인 이미지를 지켜내야 한다는 것, 그것이 그의 목표였다. 누군가 우리 모습을 거울에 비추어주면 오히려 그 거울을 깨버리는 사회, 그것이 바로 모로코 사회다.

논쟁이 시작된 지 일주일쯤 지나 나는 나빌 아우크를 만나러 갔다. 폭력 사태를 마주한 사람치고는 무척 차분한 모습이었다. 우리는 카사블랑카의 저소득층 동네에 위치한 그의 사무실에서 이야기를 나누기 시작했다.

"당신의 여자를 생식 기계로, 기쁨도 모르고 몸은 거의 당신의 소유물이나 다름없이 여긴다면, 어떻게 건전한 관계가 이루어질 수 있겠습니까? 모로코 남성들은 절망적으로 역행하는 중입니다. 본능적 욕구, 욕망과 관련된 모든 것들로부터 거절당하고 있죠. 그 모든 것들을 악마화하도록 학습 받았으니까요. 내 영화 앞에서 관객들이 극단적인 폭력으로 반응하는 건 어쩌면 당연한 결과라고 볼 수 있어요. 그들은 내 영화를 보며 고통스러워하는 것 같았어요. 그들 자신이 품었으나 내색한 적 없던 절망감을 영화에서 본 것이죠. 일상이 사람들에게 강요하는 건 역할 놀이에 지나지 않아요. 누군가 가면을 벗으라고 한다면 버티기 힘들 거예요. 매춘이라는 주제는 확실히 금기예요. 하지만 관객들이 정말 충격을 받았던 부분은 이 직업에서 읽을 수 있는 사회적 맥락들이었던 것 같아요. 게다가 현실적으로 매춘에 의지해 생계를 유지하는 가족들이 상당히 많죠. 다수의 가족들에게 수입원이면서 동시에 비천한 대접을 받는 게 매춘부예요. 멸시당하고 놀림 받으며 늘 음지에 숨어 살지요. 우리 사회는 막다른 골목에 와 있습니다. 성관계를 금지하는 우리 사회 시스템은 육체를 물건처럼 사고팔고, 여성의 몸에 대한 폭력과 도구화를 부추기면서 우리에게 거짓 미덕을 걸쳐주죠.

섹스는 뜨거운 감자입니다. 모로코인들은 성적 판타지와 현실적 증오 사이에서 갈팡질팡하고 있어요. 세계 5위의 포르노그래피 소비자이면서 동시에 쉬지 않고 절제와 정숙을 외쳐대는 게 바로 모로코인들입니다. 16만 명이 제니퍼 로페즈를 콘서트에서 직접 보았고, 150만 명이 그 콘서트를 텔레비전으로 시청했습니다. 그러고 나선 인터넷 세상으로 돌아와 그녀의 옷차림이 문란하다는 등 각종 비방을 남깁니다. 지금의 우리가 맞닥뜨리는 건 정체성의 혼란입니다. 섹스, 그건 타자예요. 서구의 퇴폐주의. 모로코의, 무슬림들의 정체성은 미덕과 순결만을 강요하지요. 15세기에 에로틱한 책으로 서구를 충격에 빠뜨린 게 바로 우리 아랍이고 무슬림들이라는 걸 잊고 있어요. 성 과학을 발명한 게 바로 우리 민족이에요. 우리는 어쩌면 집단 건망증에라도 걸린 걸까요.

나는 '인류학 뒤집어보기'를 선택했어요. 내 영화 속 등장인물들은 물론 매춘부들이지만, 동시에 그녀들에겐 권력이 있어요. 남자들은 거의 주변 인물에 불과해서 매춘부들의 무력한 보조 역할에 불과하죠. 관객들이 불편해하고 그들의 분노를 산 건 바로 이 점이었을 거예요. 남성들은 자신들의 남성성이 손상되었다고 생각하고, 그래서 그만큼의 증오를 뿜어내는 거죠."

이 영화 시나리오를 쓰기 위해 나빌은 아주 오랜 조사 기간을 가졌다고 한다. 거의 1년 반 동안 100여 명의 매춘부를 만나 그들의 이야기를 차곡차곡 듣고 기록해나갔다. 그는 공사장 일용직 노동자들에게 몸을 팔고 푼돈을 버는 어린 여자애들뿐 아니라 하룻밤 화대로 10만 디르함을 받고 고급 승용차를 굴리는 여자들도 만났다.

"짐승 같은, 끔찍할 정도로 굴욕적일 수 있는 일들에 대해 전부 털어놓더군요. 지독하게 병적이며 퇴폐적이고 공포가 느껴지는 일들까지도요. 정말 온몸이 떨려올 정도로 충격이 컸는데, 결국 이 여성들에게 내가 느낀 건 깊이를 가늠할 수 없을 정도로 아득한 슬픔이었어요. 섹슈얼리티는 우리 사회 도처에 널려 있어요. 텔레비전이나 인터넷, 포르노를 통해 가정에도 들어와 있는데 동시에 보수적 문화가 너무나 강한 나머지 섹슈얼리티가 피어날 길은 꽉 막혀 있죠. 그 결과 심지어 문장 한 구절, 말 한 마디, 짧은 치마 하나만으로도 불같은 논란을 불러일으키는 상황이 된 거라고 봐요. 그러면서도 여성에 관한 한 최대한 정숙하기만을 바라죠. 하지만 이건 더 이상 효력이 없어요. 인터넷이 성적으로 절망한 사람들과 보수주의자들에게 훌륭한 확성기 구실을 하고 있으니까요.

그런데 말이죠. 내 영화가 뜨거운 논란을 일으키는 동안 페미니즘 단체들은 침묵으로 일관했다는 거 아세요? 그들의 딸, 자녀들의 미래가 걸린 문제 아닌가요. 사실 페미니즘 단체들이 명백히 '성적인' 주제들에 대한 혐오감을 공공연히 드러내온 건 어제오늘 일이 아니죠. 이들은 모로코 사회를 타락시킨다는 손가락질을 굉장히 두려워해요. 그래서 결국 그토록 본질적이고 중요한 이 일에서 손을 떼기로 한 거죠.

순결 숭배는 폭력이에요. 사람들은 여성을 보석처럼 취급하는 척하면서 극도로 어색한 제단 위에 올려놓죠. 악의에 찬 남성들의 시선들로부터 보호해야 한다는 구실로요.

그런데 이 남성들은 자기 이미지를 제대로 보고 있다고 말할 수 있을까요?"

우리가 만난 날 저녁, 나는 또 영화 감독 누레딘 라크마리를 만났다. 논란이 일기가 무섭게 미디어와 SNS에서 나빌 감독을 옹호했던 인물이다. 모로코인들에게 누레딘 라크마리는 카사블랑카에 현대 영화를 들여온 인물로 통한다. 영화 「카자네그라」에서 그는 하얀 도시가 감춘 수렁과 같은 곳, 음산한 술집, 매음굴을 담아내며 금지된 사랑을 이야기했으며 폭력, 불법이자 수치스러운 섹슈얼리티를 고스란히 그렸다.

"내가 볼 때 문제는 우리가 사랑을 말하지 않는다는 데 있습니다. 모로코 사람들은 아름다움, 따뜻한 애정을 두려워해요. 하루 종일 다에시[11]와 살해 영상을 생방송으로 지켜보는 사람들입니다. 텔레비전 화면 속에 사랑 장면이 등장하면 사람들은 오히려 괴로워하죠. 우리는 「머치 러브드」와 같은 영화를 감당하지 못해요. 이 영화가 바로 우리 사회의 모습을 거울처럼 비춘다는 걸 잘 알면서도 말이죠."

---

11) 이슬람 극단주의자를 일컫는 말로, 무장 테러 단체 이슬람국가(IS)를 지칭한다.

2M 채널에서 방영한 아주 훌륭한 다큐멘터리 「카사블랑카의 세익스피어」를 만든 작가 소니아 테라브(「상마블랑카」와 「혁명은 일어나지 않았다」의 작가)는 이렇게 말한다.

"성의 혁명이 있긴 하지만 꽁꽁 숨겨져 있다. 언젠가 백일하에 드러내기만 하면 되는 것이다. 이 나라 사람들은 폐쇄된 공간에 있을 때 비로소 자유롭다. 자유롭기 위해, 편안히 술을 마시기 위해 그리고 원하는 방식대로 옷을 입고 다니기 위해서 우리는 돈을 지불해야 한다."

그해 여름, 나는 가족들과 휴가를 즐기러 라바트에 와 있었다. 모두가 영화 「머치 러브드」 사건을 이야기했다. 어떤 이들은 정부가 영화에 자행한 검열에 분노했다. 또 어떤 이들은 모로코가 포르노 영화의 배포를 허락하지 않은 건 국가의 품위를 지키기 위한 선택이라고 생각했다. 택시 안에서, 카페에서, 전철이나 저녁 식사 자리에서, 영화를 보지도 않고 성토만 해대는 수많은 사람들 앞에 평정심을 유지하느라 무척 힘들었던 기억이 있다.

나는 매년 라바트에서 열리며 수많은 관객을 유혹하는 마와진 음악 축제가 사람들의 생각을 변화시키는 데 기여했어야 한다고 본다. 하지만 이해에 축제는 오히려 논쟁에 불을 붙였을 뿐이다. 매년 이 음악 축제는 이슬람주의자들의 감시의 대상이다. 이슬람주의자들은 축제 예산에 촉각을 세울 뿐 아니라 이 축제가 퇴폐주의적인 예술가들을 양산하여 젊은이들의 품행에 부정적인 영향을 미친다고 염려해왔다. 2010년 당시 이슬람주의 국회의원 무스타파 라미드는 엘튼 존의 방문에 대해 "모로코에 동성애를 권장하는 인물"이 나라를 더럽힌다고 분노했다. 엘튼 존은 결국 공연을 통해 수많은 관객들에게 이루 말할 수 없는 행복감을 안겨주고 떠났을 뿐이다. 이듬해에는 PJD 하원 의원이던 바시마 하카우이가 콜롬비아 출신 가수 샤키라에 대해 "포르노"라는 판결을 내렸다.

2015년 여름엔 미국 스타 제니퍼 로페스의 콘서트가 논란의 대상이 된다. 무대 위에서 보디스 차림의 가수가 그녀 못지않게 절반쯤 옷을 벗은 백댄서들에 둘러싸여 있었다. 그중 어떤 댄서들은 엉덩이를 드러내기도 했다. 10만 명 이상이 콘서트장에 있었고 100만 명 이상이 2M 채널을 통해 생방송을 지켜보는 상황이었다. 몇 시간 뒤 네티즌들이 온갖 SNS에 몰려들어 제니퍼 로페스의 공연은 포르노와 다름없었다며 신랄한 비난을 쏟아내기 시작했다.

무스타파 엘 칼피는 "이번 방송은 절대 용인할 수 없으며, 라디오 통신법에도 어긋나는 것"이라는 공식 성명을 발표했다.

더 최악은 익명으로 그 월드 스타의 정숙성 위반에 대한 고소가 이루어진 일이었다. 고소인들은 "천박하고 불순한 노래를 부르고 거기에 맞춰 순결과 미풍양속을 해치기에 충분한 동작으로 춤을 추었"다는 점을 비난했다. 6월 5일 PJD의 청년 운동가 150여 명이 의회 앞에서 시위를 벌였다. 모두 제니퍼 로페스의 이름을 외치기 시작했다. 수많은 사람들이 사치와 손잡은 사탄 무리를 쫓아내야 한다고 부르짖었다. 나는 뭐라고 해야 할지 어안이 벙벙했다. 평소 진보주의자들의 사상을 외치는 몇몇 부르주아들의 입에서 쏟아지는 거친 성토에 놀라지 않을 수 없었다.

"그런 흉한 짓거리는 자기 나라에서나 하라고 해. 여기, 우리 나라에선 창녀처럼 놀면 안 돼."

며칠 후, 나는 동네의 허드렛일, 그중에서도 정원을 손보는 일을 하는 라시드와 대화를 나누게 되었다. 성품이 온순하고 친절한 그는 나와 대화할 때면 언제나 공손한 자세를 흐트러뜨리는 법이 없었다. 이미 결혼을 해서 딸이 있고 자잘한 일들을 하며 근근이 살아간다는 걸 나는 알고 있다. 종교 이야기는 일절 하지 않고 신앙심을 내세워 거들먹거린 적도 없다. 우리는 자연스럽게 페스티벌과 최근 들어 격해진 분위기에 대한 이야기를 나누기 시작했다. 그때 라시드가 보인 반응은 놀랄 정도였다.

"내가 미리 알았더라면 친구들하고 같이 가서 그 갈보 년을 칼로 베어버렸을 겁니다. 우리 나라에서 그런 꼴을 보다니, 얼마나 창피스러운 일이란 말입니까! 자기 나라에서나 하면 될 짓을. 도대체 왜 모로코의 무슬림들을 자극하러 온 거랍니까?"

또 며칠이 지나자 이번에는 록 그룹 플라시보가 논란을 불러일으킨다. 가수가 가슴에 동성애 처벌에 관한 법 조항을 상징하는 489라는 숫자를 썼다가 죽 그어 지운 채로 무대에 등장하자, 보수주의자들의 분노는 폭발 직전에 이르렀다. "저 외국 딴따라들이 뭔데 내 나라까지 와서 우릴 가르치려 드는 거야?" 미디어에서는 '외국 딴따라'에 대한 성토 대회가 벌어진다. 바로 그때 페멘[12] 운동가 둘이 이

---

12) 기습 탈의 시위로 유명한 사회운동 단체. 공동 창립자 중 한 명인 옥사나 샤츠코가 2018년 7월 파리 시내 자신의 아파트에서 숨진 채 발견되어 외신을 탄 바 있다.

라바트 시내 한가운데 하산 타워 앞 광장에서 가슴을 드러내는 시위를 벌이다 그 자리에서 연행되고 모로코에서 추방당한다.

이처럼 아슬아슬하고 긴박한 분위기 속에서 이상한 소문이 나돌기 시작했다. 저소득층 동네의 두 청년이 페멘의 행동을 모방하려고 했다는 소문이 돌아 연행돼 가고, 스무 명 남짓한 사람들이 떼를 지어 그들의 집 앞에 가서 외친다. "동성애자는 우리 동네를 떠나라! 이슬람을 지켜내자!" 이들은 '우리 풍속을 건드리지 마라'라는 이름의 협회 사람들로, 모로코적 가치와 원칙 고수가 목적이다.

앞서 나는 언론의 자유가 생겼다고 말한 바 있다. 하지만 몇 가지 부연하지 않으면 안 되겠다. 물론 소셜 네트워크 덕분에 전에는 비밀로 하던 의견이나 경험들을 (때로는 익명으로) 서로 나눌 수 있게 된 것은 사실이다. 휴대전화를 통한 인터넷 접속이나 언론의 자유는 현 모로코 사회에서 토론의 가능성을 만들어냈다. 하산 2세 국왕 시절, 미디어가 정권에 복무하던 내 유년기와 비교하면 더욱 그렇다고 볼 수 있다. 그러나 사회 제도의 경계에서 살아가는 이들에겐 여전히 침묵이 명령처럼 부과되고 있음을 간과할 수 없을 것이다. 풍습이니, 전통이니 하는 주제는 여전히 끔찍한 폭력 사태로 번지곤 하는 것이다. 미혼모, 동성애자, 혹은 해방을 외치는 여성들에게는 여전히 명예 살인, 무차별 폭력, 모욕 등이 거침없이 쏟아진다. 투명한 사회로 향하기 위한 선택지가 없는 상황, 서로 다른 신념들 사이에서 지속적으로 생겨나는 마찰, 종교의 도구화 등이 폭력의 범람을 부추긴다.

2015년 여름의 시작을 더욱 어둡게 한 한두 가지 드라마틱한 사건이 있었다. 6월 14일, 남쪽 작은 마을 이네즈간의 시장에서 물건을 사던 두 젊은 여성이 너무 짧은 치마를 입어 미풍양속을 해친다는 이유로 한 남성 상인에게서 무차별 공격을 당한다. 소요가 일어나며 신변에 위협을 느낀 두 여성은 눈에 뜨이는 상점에 들어가 경찰이 도착해 고삐 풀린 구경꾼들을 정리할 때까지 기다린다. 연행된 두 여성은 다음 날 검사 앞에서 483조 위반 혐의를 받았다.

"고의적 나체나 외설스러운 행동으로 대중의 수치심을 선동하는 자는 누구든 한 달에서 2년의 징역, 120에서 500디르함의 벌금에 처한다."

이 사건이 알려지자 인터넷을 중심으로 사회적 운동이

시작되었다. 페이스북에선 사회 운동가 부타이나 엘마쿠디가 시민들의 참여를 촉구하는 내용을 담은 동영상을 올려 조회수 4만 회 이상을 기록한다.

"이것은 이 두 여성에게 국한된 이야기가 아닙니다. 이것은 개인의 자유에 가해진 총체적 위협입니다. 이슬람 극단주의자(다에시)의 정신이 온 나라를 오염시키고 나아가 시민들의 자유를 제한하게 됩니다."

이 사건은 사나에와 시아메를 위한 거대한 연대의 움직임을 촉발시켜, "치마를 입는 것은 범죄가 아니다"라는 슬로건을 내건 연대 시위가 곳곳에서 일어났으며, 1200명의 모로코 변호사들의 지지를 받는다. 사회 운동가들이나 익명의 시민들은 행여 있을지 모를 여성 인권의 후퇴를 염려하며 원칙주의자와 보수주의자들에게 너무 많은 권한을 허용하는 당국을 규탄하였다. 7월13일, 마침내 이네즈간 법원은 두 소녀에게 무죄를 선고한다.

6월 30일, 페스에서 라마단이 한창일 때 한 남자가 분노에 찬 젊은 남자 무리에게 쫓기다가 린치를 당하는 일이 벌어졌다. 흰색 젤라바[13]를 입은 남자는 자신을 '호모'라

---

13) 북아프리카인들이 입는, 두건과 긴소매가 달린 외투.

부르는 무리의 욕설을 피해 몇 번이고 자동차 안으로 몸을 숨기려고 시도하였다. 시내 한복판에서 벌어진 이 장면은 동영상으로 찍은 누군가에 의해 소셜 네트워크에 떠돌다가 급기야 지하디스트의 엄격한 통제를 받는 도시에까지 스며들어 가게 되었다. 이번만큼은 당국도 가해자들에게 단호한 태도를 보였지만, 모로코 사회에 잠재하는 갈등이 모든 이들의 눈을 뜨게 한 것이 중요하다. 내무부 장관과 법무부 장관은 마침내 공동 성명을 발표하였다.

"누군가를 처벌한다는 명목으로 임의로 행동하며 정의와 법률을 대신하겠다는 모든 개인이나 조직에 대해서는 그에 합당한 처벌이 뒤따를 것이다."

이렇게 하여 페스 사건 가해자들은 전부 징역 4개월 형을 선고받았지만, '호모'라고 불린 피해자의 행동이 폭력을 부추겼다느니, 매를 맞아도 쌀 만한 짓이라느니 하는 말은 여전히 사그라들지 않았다.

2016년 3월, 이번엔 베니 멜랄에서 이번엔 두 명의 동성애자가 집 안에서 봉변을 당해 피범벅이 된 채 두들겨 맞는 동영상이 인터넷을 뜨겁게 달군다. 공포에 질린 채로 법정에 소환된 건 피해자 중 한 사람이었다. 3월 31일, 프랑스 일간신문《리베라시옹》에 실린 이 기사를 읽고 나는 흥분하지 않을 수 없었다.

만일 내가 바로 베니 멜랄의 그 남자였다면

3월 초, 모로코 중부에서 동성애자 두 사람이 한 무리의 남자들에 의해 야만적으로 구타당했다. 폭력의 가해자들은 석방된 반면, 피해자들은 구속되었다. 피해자 중 한 사람은 징역 4개월 형을 받았다. 가해자들 중 두 사람에게는 집행유예 2개월이 선고되었다. 두 번째 피해자에 대한 공판은 4월 4일에 열린다.

누구나 한 번쯤은 이런 질문을 던져본 적이 있을 것이다. "내가 1939년에 베를린에 살고 있었다면 어떻게 했을까?" "1994년 키갈리[14]에 있었다면 나는 어떻게 되었을까?" 내가 만일 라바트의 부촌이 아니라 베니 멜랄의 작은 도시에서 동성애자로 태어났더라면 어땠을까 하는 질문을 스스로에게 던져본다. 만일 어느 날 밤, 내 집에 한 남자와 함께 있는데 다짜고짜 웬 사내들이 쳐들어 온다면? 내 몸을 조각내고 내 피에 목이 말라 나를 가루로 만들어버

---

14) 르완다의 수도.

릴 준비가 되어 있는 낯선 사내들. 그리고 그들이 나를 두들겨 패고 욕설을 하며 동영상을 촬영하는 동안, 그 시간 동안 나는 이렇게 생각할 것이다. 나는 피해자이기만 한 게 아니다. 법 앞에서 나는 죄인이기도 하다. 그리고 어쩌면 이 고문자들을 체포하러 와줄 경찰관은 나 또한 연행할 것이다. 웃으면서, 틀림없이 그들은 나를 형무소로 데려갈 것이다.

그런데 만일 그 어떤 종교도 증오, 폭력, 매춘부를 향한 집단 폭행, 신앙심 없는 이들의 사회적 격리를 정당화할 수 없다고 내게 가르친 부모님 대신에 동성애자 죽이는 살인범, 도덕률의 신부, 여성혐오자의 아들로 태어났다면 어땠을까? 내가 만일 매춘부, 간통한 여자, 비처녀, 동성애자들은 전부 감옥에 처넣어야 한다고 굳게 믿는 한 사람이었다면? 만일 내가 서구 유럽과 유대인과 레즈비언과 자유로운 여성들을 증오하는 일인이었다면? 만일 내 몸은 내 것임을, 이 몸이 존중과 사랑을 받고 쾌락을 누릴 권리가 있음을 알려준 가정에서 태어나는 대신 사랑을 나누기 위해서는 숨어야만 하고, 혼외 아이를 낳았으나 학교에 보낼 길이 없어 결국 포기해야만 하는 처지에 있었다면?

물론, 내 나라를 사랑하지 않고, 내 나라의 종교와 정체성을 존중하지 않는 나를 사람들은 비난할 것이다. 매춘부와는 타협하지 않는 거라고, 모로코는 스웨덴이 아니라고, 파렴치한 행위, 자유연애, 동성애 관계를 처벌하는 것이야말로 우리 사회의 근간이라고 그들은 말할 것이다. 또 어떤 이들은 프랑스 스타일로 꾸민 사무실에서 "오리엔탈리즘의 클리셰"를 퍼뜨린다며 나를 비난할 수도 있다. 이 모든 이들에게 나는 권하고 싶다. 교도소 바닥에 쭈그려 앉은 간통녀들과 동성애자들의 모습을 한 번이라도 봐달라고. 그들이 겪는 벌은 내가 지어낸 환상이 아니라 현실이다.

이 모든 게 '만일'과 힘없는 조건법들에 그치고 말 것이라는 걸 나도 잘 안다. 게다가 이것은 현실성 없는 이상에 지나지 않는다. 나는 운이 좋은 사람이니 어쩌면 그걸 맘껏 누리는 것으로 만족하며 살아야 하는 건지도 모른다. 왜냐하면 나에겐 부모님이 있고, 우리 동네에서 성장했으며, 내가 원하는 만큼 책을 읽을 수 있었고, 여행하고 공부할 수 있었다. 하지만 모로코에서 이것들 중 한 가지도 갖지 못한 사람들, 그럼에도 살아야 한다고, 살게 놔둬야 한다고, 모든 사람들은 존엄과 보호를 받아야 한다고 믿는 수백 명의 사람들을 만났다는 것을 고백해두어야겠다. 이 것은 부르주아나 서구 유럽의 교훈이 아니다. 이것은 모로 코 문화의 심장부를 이루는 교훈에 다름 아니다. 계몽으로 향하는 길은 특정 종교나 특정 사람의 전유물일 수 없다. 그것은 우리 모두의 지평이 되어야 한다.

자밀라
: 남자가 문제야

　나의 보모와는 한번도 섹스에 대한 이야기를 한 적이 없었다. 적어도 20년 넘도록 한 지붕 아래 살아온 이 여성에게 섹스라는 주제를 가지고 접근한다는 건 생각도 할 수 없는 일이었다. 보모와 나는 다분히 독특한 두 가지 서로 다른 모델을 대표한다. 나이 오십에 결혼한 적이 없는 보모는 그분이 매달리는 윤리와 종교로 인해 숫처녀이다. 보모는 우리 집에서 일하고 함께 산다. 보모의 가족들은 무슨 일이 생기는 족족 생계를 책임지는 그녀에게 전화를 걸어 도움을 요청하지만 감사하는 마음은 조금도 없는 것 같다. 그건 보모가 여자, 그것도 남편이 없는 여자이기 때문이다. 독실한 이슬람 신자인 보모가 내가 사는 방식에 충격을 받고 있다는 걸 나도 모르는 게 아니다. 나는 담배를 피우고, 술을 마시고, 마음 내키는 대로 외출한다. 여자 친구 못지않게 남자 친구도 많다. 사춘기에 우리 집에서 친구들과 파티를 연 적이 있다. 느린 음악에 맞춰 여자애들과 남자애들이 부둥켜안고 블루스를 추는 모습에 그녀는 얼마나 황당했을까.

이렇듯 보모에 대해 내가 가진 이미지는 퍽 분명하다. 보수주의자인 그녀가 날 어떻게 생각할지는 뻔한 일이나 보모가 내색한 일은 없었다. 그러다가 내 첫 소설이 출간되었을 때, 나는 그녀에 대해 전과는 완전히 상반되는 이미지를 가질 기회를 얻게 되었다. 어느 날 저녁이었고, 어쩌다 부엌에 단둘이 남게 되었다. 보모가 얄궂은 시선으로 나를 바라보며 말했다.

"네 책에서 무슨 얘기 하는지 나도 알아."

약간 불편해진 나는 작은 미소로 대답했다. 행여 뭔가 잔소리를 하려는 건가 지레 부담스러웠다.

"섹스 중독자 얘기 아니야, 맞지? 근데, 그게 모로코에 엄청 많아. 우리 동네에도 몇 명 있었지."

그토록 매사 조심스럽고 모범적인 나의 보모님께서 이

웃 여자들과 동네 여자들과 성 이야기를 나눌 때가 있다
니. 믿을 수가 없었다!

"우리 집 근처에 사는 친구가 있는데, 걔 남편은 하루에
서너 번씩 섹스 하자고 올라탄대. 친구 의견 따위는 묻지
도 않고 다짜고짜. 무슨 말인지 알겠어?"

그녀가 말한다. 알죠, 그럼. 그건 강간이에요. 이렇게 대
답하면서 나는 강간을 아랍어로 뭐라고 하는지 모른다는
걸 깨닫는다. 하지만 우리는 무슨 말인지 이해했다. 보모
가 말을 잇는다.

"그런 남자들이 많아. 여자들은 일하고, 애들 키우고, 집
안일을 도맡아 해. 거기에다가 여자들은 남편이 원하는 거
라면 뭐든 해야 해. 걸핏하면 임신을 하지. 이렇게 보면, 제
부인 놔두고 다른 여자 만나러 다니는 남자들한테 오히려
고마운 생각이 들 정도야. 그러면 자기 부인은 좀 쉴 수 있
으니까."

다른 여자? 매춘부를 말하나 싶어 내가 되묻는다.

"그럼, 그렇고말고. 수도 없이 많아. 새파랗게 젊은 애들.
심지어 사우디 남자들까지 매춘하러 모로코로 오는 거, 알
아? 라바트에 새로 지은 엄청 큰 주택이 있는데 거기 새파
랗게 젊은 매춘부들이 많아. 손님들 앞에서 벌거벗고 춤도

춘다는데. 남자들이 지폐를 바닥에 뿌리면서 그런대. '자, 굴러. 땀 나도록 춤 췄으면 이 돈들이 네 몸에 달라붙겠지. 그거 다 너 가져.'"

이 이야기가 100퍼센트 사실인지 여부를 나로선 확인할 길이 없다. 페르시아만의 부자 남성들이 모로코에 와서 전설적인 매춘 문화를 즐기고 간다는 건 이미 비밀이 아니다. 게다가 매춘에 환장한 그 나라 남자들은 모로코 여성들을 수입해 가기도 한다. 그다지 반갑지만은 않은 이민 사례는 이렇게 자행되는 것이다. 보모님은 단단히 결심한 듯 말을 잇는다.

"여자들한테는 불행한 일이야. 거기서 어떤 여자애가 에이즈에 걸렸대. 그걸 오랫동안 감추고 있다가 결국 알려졌는데, 붙어 있던 사내 놈이 여자를 그대로 내버리고 감쪽같이 사라졌다나 봐. 여자는 완전히 버려진 거지. 참 슬퍼, 이런 일들. 가만히 들여다보면 삼촌이나 심지어 친아버지 애를 임신한 애들도 꽤 있다지. 여자애들은 말이 없지. 평생 감추고 살거나 아니면 자살로 끝내는 거야."

나는 보모에게 이렇게 말한다. 그 모든 상황들은 거대한 위선에서 비롯된 것이라고. 수치심으로부터 자신을 보호한다는 변명 아래 그 누구도 범죄를 고발하지 않기 때문이라고. 여성들이 더 자유롭게 사는 사회가 반드시 종교를 거스르는 사회는 아니라고, 그건 반대로 여성들을 오히려 더 잘 보호해주는 사회인 거라고 나는 설명한다. 놀랍게도, 보모도 인정한다. 그리고 하시는 말씀.

"이 모든 건 이슬람교의 문제가 아니야. 원인은 딱 한 가지지. 남자들이 문제야."

무스타파
: 라바트의 경찰

　무스타파는 내 친구의 아버지다. 어느 날 친구가 라바트의 저소득층 동네에 있는 자기 집에 와 아버지를 한번 만나 보지 않겠느냐고 권해 왔다. 벌써 25년째 경찰로 재직하는 친구의 아버지는 다정다감한 분이었다. 현장에서 떠나 있지만, 분야에 대한 지식은 여전히 간직하고 있었다. 그는 말했다.

　진실은, 법을 적용할 수가 없다는 거지. 솔직히 말하자면, 서로 손 잡고 다니는 커플들이 진짜 결혼한 사이인지 아닌지 일일이 어떻게 검사를 할 수 있겠니? 젊은이들이 어디에 주로 모이는지 잘 알지만, 못 본 체하는 거야. 물론, 경찰들이 호텔 방을 뒤지는 경우도 있다만, 그건 매춘이 성행하는 관광지에서 어린 여자애들을 보호하려는 차원에서일 뿐이지. 까놓고 말하면, 이 모든 게 사실은 돈에 대한 거라고 해야 맞을 게다. 돈 좀 있는 사람들은 뭐든 하고 싶은 대로 하지. 안된 일이지만, 매춘굴을 단속할 때 대가를 치르는 건 매춘부들이지 돈 주고 사는 사람들이 아니야. 고급 승용차를 끌고 다니는 매춘부들은 하룻밤에 내가 평생 일해 버는 돈보다 더 많이 벌어. 아주 솔직히 말하자면 풍속 사범과 관련된 일에 엮이고 싶어 하는 경찰은 한 사람도 없어. 경찰로서 할 말은 아니겠지만, 이 사람들이 제멋대로 법과 정의를 정하고 적용하며 사는 거란다. 종교의 이름으로 남을 죽이거나 살릴 수 있다고 생각하면서.

아주 솔직히 말하자면 그게 또 상황에 따라 제대로 먹히는 때가 많아. 모로코에서 섹스는 상상 이상으로 짭짤한 비즈니스니까. 경찰, 경비, 기둥서방 등등 모든 관계자들에게 돈벌이가 되는 사업이야. 허구한 날 기도하고 수염을 발끝까지 기르고 다니는 신자들 중에도 창녀촌에 드나들고 심지어 가로등 없는 길에서 어린 꼬맹이들 납치하는 남자들이 많다는 건 이미 새로울 것 하나 없는 일이지! 매춘부들, 연인들, 그리고 불륜 남녀들로부터 돈을 뜯어내. 거기에 무슨 도덕이 있고 종교가 있겠니. 이게 바로 짭새들의 법이란다, 제일 크고 무서운 법.

젊은이들에겐 결코 쉽지만은 않지. 인터넷이나 스마트폰이 나오면서 부모 세대하고는 거리가 더 멀어졌어. 그래서 나는 내 세 딸들과 언제나 무슨 얘기든 터놓고 해. 우리 사이엔 금기가 없지. 아예 털어놓고 얘기하지 않으면 내 딸들이 나쁜 길로 빠지기 쉬운 구조라는 걸 너무 잘 아니까. 언제나 이렇게 신신당부하지. 이 나라의 문화와 가치를 존중해야 한다, 그리고 특히 언제나 조신해야 한다고. 놀라선 안 돼. 내 자식들을 믿는 거지. 공부도 제대로 안 하고 걸핏하면 학교에서 문제를 일으키는 남자애들보다 훨씬 낫잖아. 우리 큰딸은 좋은 성적으로 고등학교를 졸업하고 제 앞가림을 하니까 하고 싶은 대로 외출하게 놔둔다. 운전면허도 땄고, 남자 친구들하고 여행도 다녀. 난 그런 건 아무 문제가 안 된다고 생각해.

내 얘기에 내가 가진 직업과 어긋나는 부분이 있다는 걸 나도 잘 알아. 다만 인정할 건 인정하고 절대 나서지 않는 걸 원칙으로 할 뿐이야. 요즘은 '사랑'에 대해 이야기하는 젊은이가 아주 드물지. 개인의 감정이란 건 이 나라에서 있을 곳이 없어. 중요한 것은 오로지 돈뿐이야. 돈이 있어야 자유도 누릴 수 있지. 법? 그건 가난한 사람들에게만 적용돼. 내 아이들을 내가 자라왔던 것과 똑같은 비명과 폭력 속에 키우고 싶지 않아. 내 누이는 어릴 때부터 내가 늘 보호해온 덕에 아주 좋은 데 취직할 수 있었지. 우리 누이가 항상 하는 말이 있어. 만일 내가 누이 곁에 없었다면 인생이 완전히 달라졌을 거라고. 그런 말 들을 때 좀 자랑스럽지! 다 내 공이니까.

모로코는 스웨덴처럼 우리가 원하는 거라면 뭐든 들여올 수 있는 나라가 아니야. 이 나라 사람들은 유럽인들처럼 성적 자유를 얻을 준비가 되어 있지 않아. 경찰이라는 직업 덕분에 수많은 위선과 폭력을 현장에서 직접 목격할 수 있었어. 이 나라에선 춤마 때문에 소아성애라든지 근친상간, 강간, 미성년자 매춘 따위에 대해서 아무도 입에 올리지 않아. 내가 쓰레기통에서 찾아낸 신생아들이 몇 명이나 될 것 같니. 이 모든 문제를 해결하는 유일한 방법은 터놓고 말을 하는 거야. 뒤에 숨지 말고.

F
: 나 같은 여자를 누가 좋아할까요?

F는 매춘부다. 그녀의 직업이 뭔지 알기 위해 구태여 물어볼 필요도 없었다. 고객들이 그러듯 곁눈으로 슬쩍 살피는 것만으로 충분히 알 수 있다. 그녀가 카사블랑카의 한 호텔 바에 앉아 있다. 예쁘장하지만 화장이 너무 진하고 어딘가 부자연스러워 보이는 젊은 여자. 모로코의 젊은 여성들이 모두 꿈꾸는 오리엔탈풍 스타 가수들의 스타일을 전부 자기 얼굴에 담아내고 싶은 걸까. F는 스물다섯 살이지만 제 나이보다 훨씬 더 들어 보인다.

우리 어머니 아버지는 모로코 남부 출신인데 옛날에 가

난을 피해 카사블랑카로 왔어요. 본래 농부여서 그런가 도시에 산 지 오래됐어도 머릿속으로는 여전히 농부라고 생각하나 봐요. 난 가난한 동네에서 여자 형제 셋, 남자 형제 둘과 함께 자랐지요. 부모님은 글도 모르고 학교 따위 다닐 생각도 못 해본 분들이에요. 나도 일찌감치 학교를 때려치우긴 했지만, 책 읽는 거랑 영화 보는 걸 좋아해요. 도와주는 사람만 있었더라면 공부 잘하는 학생이 될 수도 있었을걸요. 그거 알아요? 공부해도 좋다는 허락을 받으려면 매일같이 굽실굽실 해야 했다니까요. 그래서 지금 난 무식해요, 할 수 있는 게 없죠.

부모님하고 섹스나 사랑에 대해 얘기해본 적은 한번도 없어요. 그런 건 우리 집에서 할 만한 얘기가 아니니까요. 두 분 다 언제나 먹고사는 일이 먼저여서 늘 녹초였고, 우리한테 엄했어요. 소리를 지르고 두들겨 패는 일도 흔했죠. 언니들과 나는 집안일을 거들고 남동생들을 보살폈죠. 열두 살이 되자 할 줄 모르는 게 없게 됐어요. 집안 살림을 내가 다 했으니 말 다했죠?

난 우리 동네가 싫었어요. 남자애들이 괴롭히는 일도 있었고 마약이나 폭력도 흔한 동네였거든요. 여자로 태어난 이상 사람들이 함부로 보지 않게 맞설 줄을 알아야 했어요. 그래서 늘 여기, 카사블랑카 시내로 오고 싶었어요. 여기 상점이나 식당이 많아서 판매원이나 음식점 종업원 일을 할 수도 있을 것 같았거든요.

우리 동네에선요, 어떤 여자애가 어떤 남자랑 돌아다녔는지 비밀이 없어요. 젊은 여자든 늙은 여자든 간에요. 남편한테 버림받은 여자가 있었는데, 애가 둘인가 셋인가 되었던 것 같아요. 그 여자가 이 남자 저 남자에게 몸을 대주면서 애들 먹을거리를 산다는 것은 모르는 사람이 없었어요. 사람들이 모를 거라고 생각하면 오산이죠. 심지어 우리 엄마도 내가 무슨 일을 하는지 잘 알거든요.

열일곱 살 때부터 미용실에서 일하기 시작했죠. 벌써 몸매가 성숙해서 가슴도 제법 튀어나오고 실제 나이보다 더 들어 보이게 됐을 때죠. 그런데 그 일이 영 마음에 안 드는 거예요. 소질도 없었고. 그때 미용실 사장님이 나한테 마사지 일을 해보는 건 어떠냐고 하더라고요. 그렇게 시작됐어요. 처음엔 호텔에서 마사지를 해주기 시작했는데, 점점 고정 고객이 생기더군요. 엄마는 내가 외국 고객 중 한 사람 잡아서 체류증도 따고 이 나라를 떠나길 바라요. 그래서 그냥 눈감아주는 거죠. 아무것도 모르는 체, 못 본 체 하면서.

좋은 남자들도 만났어요. 선물도 주고 이런저런 도움도 주는 노인네들요. 그렇지 않으면 이 짓은 정말, 지긋지긋할 정도로 힘들어요. 생각하면 눈물이 쏟아질 것 같으니까 앞날은 아예 생각도 안 해요. 결혼도 하고 싶고 애도 낳고 싶은데, 그러려면 여기서 아주 멀리 떠나야 하겠죠. 겪을 일 못 겪을 일 다 해본 여기가 이제 지긋지긋해요. 여기 남자들은 나를 개처럼 대해요. 돈 많은 부르주아들도 걸핏하면 와서 나를 찾아요. 번듯한 집안에서 자란 아들들은 제 또래 부르주아 아가씨들하고 잘 수 없으니까 우리를 찾아와서 욕정을 푸는 거예요. 얘네들은 포르노 영화 흉내 내길 좋아해요. 짐승처럼 야만적이라는 둥, 갖은 아양을 다 떨어주면 아주 흡족해하죠, 애들은. 나는 돈 많은 남자만 상대해요. 그중엔 돈을 물처럼 뿌려주는 고객도 있답니다.

어떻게 일하냐고요? 같이 일하는 애들하고 나이트클럽에 가요. 한쪽 구석에 자리 잡고 앉아 화이트와인을 한 병 주문하고 기다리죠. 나이트클럽 사장도 그렇고 자주 드나드는 사람들도 전부 우리를 알아요. 처음엔 신경을 안 썼는데 싸움이나 절도 사건을 몇 번 겪고 나서부턴 좀 무서워요. 지금은 늘 같은 곳에만 가고 좀 더 조심하고 있어요.

아버지 말을 들었더라면 어느 집 가정부가 되었거나 가

난한 식당 종업원이 되어 있었겠죠. 아니면 매일 두드려 패는 남편을 만나 애를 넷이나 낳은 엄마가 되었을지도 모르고요. 어쨌거나 이 나라에 사는 여자들의 삶이란 도무지 호락호락하지 않아요. 돈이 있거나 교육받은 부모 밑에서 태어나지 않은 이상 별 수 없죠. 물론 나도 신이 무섭고 내가 지금 하는 일이 하람[15]이라는 걸 잘 알지만, 달리 어쩔 수가 없잖아요. 내가 없으면 우리 가족은 뭘 먹고 살죠? 아버지는 5년 전에 돌아가셨고, 엄마는 직업이 없어요. 남동생들과 언니들은 내가 번 돈으로 먹고살아요. 남동생은 수염을 기르고 무슬림 전통 의상을 입고 다니지만, 내가 하는 일을 두고 가타부타 말하는 법은 없어요. 주는 돈이나 받을 뿐이지.

두 번인가 임신을 했어요. 다행히 친구 중 한 명이 잘 아는 의사가 있어서 낙태할 수 있었죠. 그래도 절대로 쉬웠다고 말할 수는 없어요. 결국 낙태 후 병이 났고 몇 주 동안이나 일을 못 나갔지요. 친구와 같이 사는데, 친구의 고정 파트너가 파일럿이고 그 사람이 바로 우리가 사는 이

---

15) 금지된 일. 어원에 따르면 이 단어에는 금지라는 뜻 외에 '성스러운'이라는 뜻도 있다. 반대로 '할랄'은 허락된 일이라는 뜻.

아파트 주인이에요. 규칙적으로 친구를 만나러 오죠. 그 사람도 이슬람교 신자예요. 순해 빠져서는 내 친구한테 푹 빠졌지요. 옆집 사람들도 우리가 무슨 일을 하는지 모르지 않지만, 그런다고 어쩌겠어요. 인생은 그 누구에게도 호락호락하지 않다는 걸 그 사람들도 아는데. 우리에게 인생은 불행과 가난일 뿐이지요.

카사블랑카의 상황이 점점 힘들어져요. 경쟁자가 많아졌죠. 이제 심지어 아프리카 여자들까지 와서 헐값에 매춘을 한다니까요. 게다가 성병도 옮긴다는 것 같던데, 그런 얘기를 들으면 진짜 무서워져요.

모로코 남자들은 가랑이 사이에 악마를 끼고 있는 것 같아요. 하나같이, 그리고 한결같이 이렇게 말하지요, 이게 다 여자들 잘못이라고. 그런데 문제는 말이죠, 남자들이에요. 난 유럽으로 가서 일도 하고 엄마가 되고 싶어요. 여기선 눈을 씻고 찾아 봐도 나를 도와주고 이 생활에서 빠져나오게 해줄 사람이 없어요. 그나저나 나 같은 여자를 누가 좋아해줄까요?

말리카[16]
: 사랑하는 것은 원죄

마흔 살의 말리카는 한번도 결혼한 적 없는 미혼 여성이다. 직업은 의사. 그녀는 극보수주의자들이 모여 사는 지방으로 발령을 받았다. 대도시의 생활과는 한참 떨어진 곳에서 그녀는 가족들과 멀리 떨어져 혼자 살고 있다. 부모님은 소탈한 편이라고 하니, 그녀가 받은 종교 교육 역시 엄숙한 것은 아니었다.

"우리 집 교육은 좀 클래식한 편이었어요. 선, 악, 조상을 존경하는 마음에 대해 배웠죠. 남학생들과 분리된 적도

---

16) 가명이다.(저자 주)

없었고, 집에서 파티를 하거나 함께 여행을 떠난 적도 있었어요. 아주 개방적이었죠. 물론 나이트클럽에 가거나 하지는 않았어요. 보통 데이트는 아주 제한된 범위에서만 했죠. 그렇다고 해서 한번이라도 그로 인해 답답하다거나 속상해본 적은 없어요."

내가 만난 절대 다수의 여성들과 마찬가지로 말리카에게도 이렇다 할 성교육을 받은 기억은 전혀 없다.

"터부는 없었고, 수치 속에서 살지도 않았어요. 동시에 피임이나 콘돔에 대한 얘기를 해본 적도 없었고요. 어쨌든 처녀성을 잃는다는 건 곧 결혼을 한다는 얘기고, 그걸로 문제는 해결되는 거예요!"

말리카는 아주 늦게 섹슈얼리티에 눈을 떴다. 대학교 1학년 말이 되어서야 처음 남자 친구가 생겼고, 그와 관계하지 않았다. 친구 중 한 명으로부터 남학생과 하룻밤을 보냈다는 고백을 들었을 때 말리카 나이 스물넷이었다.

"정말 충격받았어요. 그러곤 친구에게 온갖 설교를 늘어놓았죠. 하늘이 두 쪽 나도 그 남학생과 결혼해야 한다고요. 그러고 나서 며칠 동안 계속 그 일에 대해 곰곰이 생각해봤어요. 그리고 다시 친구를 찾아가 미안하다고 말했죠. 나에게는 잊히지 않는 일이지만, 나 역시 다른 사람들과 마찬가지로 세뇌당한 사람이라는 걸 알게 되었어요. 그 누구도 처녀성이라는 것에 대해서 딱히 말해준 적도 없고, 나 또한 깊이 생각해본 적 없지만, 나도 모르게 이토록 고집스럽고 보수적인 사람으로 성장했던 거예요."

말리카는 꽤 늦게 첫 성경험을 했다. 결혼은 생각해본 적도 없는 연상의 외국인이었다.

"그 나이가 되자 사회적 굴레에서 좀 벗어날 수 있었던 것 같아요. 주위의 친구들이나 언니들이 전부 처녀성을 곱게 간직하고 결혼하는 동안 나는 학업을 계속하면서 자유와 경제적 독립을 얻어나갔죠."

의사로서 말리카는 만일 그녀가 부르주아 가족 울타리 속에서 계속 성장했다면 결코 알지 못했을 극단적으로 어려운 상황의 증인이 되었다.

"의사가 되기 전에는 순결 증명서가 그토록 중요한 거라고는 생각해본 적이 없었어요. 정말 충격 그 자체였죠! 그때 나는 산부인과에서 연수 중이었어요. 첫날밤을 보낸 다음 날 아침 8시가 되자 신랑 가족들이 신부를 데리고 산부인과에 들이닥치더니 묻는 거예요. 처녀막이 최근에 없어진 거냐, 아니면 없어진 지 오래됐느냐 하고. 나는 단호하게 아주 최근의 일이라고 말해주었죠. 어쨌든 나는 신부

를 보호할 생각이 없～

제나 씁쓸해요.

또 한 번은 동료와 심하게

자궁외 임신을 한 처녀 환자를 고～

는 우리에게 비밀을 지켜달라고 간절～

는 노발대발했죠. 그에겐 환자를 돌보는 일～

족에게 일러바치는 게 더 중요했던 거죠."

많은 면에서 말리카는 모로코 사회와는 어울리지 않는 사람이다. 나이 마흔에 아직 미혼인 그녀. 말리카의 직업은 돈을 잘 벌 뿐 아니라 사회적으로 존중받는다. 그녀는 자기 이름으로 된 아파트가 있고, 혼자 떠나는 여행을 즐긴다.

"내가 보여주는 모습, 순종적이고 모성애가 많은 고전적인 모로코 여성상과는 상반되는 이미지에 남자들은 마치 짓밟히는 것 같은 기분인가 봐요. 성행위 속에서 자유로워지고 싶은 욕망과 머릿속 이성 사이에서 방황하는 게 아닌가 싶기도 하고요. 대부분의 남자들은 성행위 순간에만 자유를 느끼죠. 머릿속으로는 이리저리 재고 판단을 내리기 바빠요."

이쯤 되면 말리카가 결혼을 안 하는 게 우연이 아니라는

말리카는 남성들과의 관계에서 많은 실망
을 한 게 분명하다.

"프랑스 학교를 다닌 전 남자 친구는 대체로 개방적이
고 쿨한 사람이었어요. 그렇지만 결혼은 어리고 처녀성을
간직한 여자애하고 하고 싶어 했죠. 그러면서도 규칙적으
로 매춘부를 만나러 다닌다고 우쭐댔고요. 좀 놀라는 기색
을 보이는 내게 이렇게 말하더군요. '왜 이렇게 이해심이
없어? 이건 내 권리야. 나에겐 섹스할 권리와 처녀와 결혼
할 권리가 있다고.' 그에게는 조금도 이상할 게 없는 당연
한 사실이었죠. 다른 많은 남자들과 마찬가지로 성적으로
완전히 미숙한 녀석이었어요."

말리카가 이미 몇 번이나 거듭 말했듯이, 남자들에게는
선택권이 많다. 바로 이 위선으로 인해 고통받는 한이 있
더라도 말이다.

"적어도 남자들에겐 메뉴판이 있어요. '메뉴'에서 먹고
싶은 걸 쏙쏙 고를 수 있죠. 한쪽으론 같이 자고 싶은 여자
를, 그리고 또 한쪽으론 결혼할 여자를요."

성적인 면에서 무척 보수적인 법들이 고통스럽지는 않
느냐고 묻기가 무섭게 말리카는 내 말을 싹둑 잘랐다.

"애인과 섹스를 할 수 없다는 건 고통스럽다기보다는 짜증 나는 일이에요! 그렇다고 못 하진 않아요. 프랑스인들처럼 옷을 입고 호텔에 가면 아무도 신분증을 요구하지 않거든요. 문제는 그럴수록 나는 점점 현실에서 멀어진 인간이 된 느낌이 든다는 거죠. 사람들이 하는 말은 전부 지긋지긋해요. 듣기에 그럴싸한 말일수록 속을 알면 더 끔찍하죠. 위선과 보수주의가 같은 비율로 높아져요."

말리카 역시 모든 미혼 여성이 겪는, 심지어 내가 만났던 몇몇 미망인들도 겪는 또 다른 문제로 고통받고 있었다. 모로코에서는 미혼 여성의 사회생활이 좀처럼 허락되지 않는다. 일정 나이가 되면 부부 관계 이외의 사회생활은 거의 불가능하다.

"언제부턴가 내가 위험인물처럼 내쳐지고 있다는 느낌을 받아요. 다른 여자들은 행여 내가 내 남편을 채가기라도 할까 봐 몸을 사리고, 남편들은 자유를 추구하며 사는 여성이라는 내 입장이 자기 아내들에게 나쁜 물을 들이기라도 할까 봐 지레 겁을 먹죠. 나로선 상상해본 적도 없었던 바로 이런 이유로 친구를 많이 잃었어요. 비정상적으로 살고 있다는 느낌, 낯선 침입자가 된 것 같다는 느낌이 들어요.

한번은 어떤 남자와 원나잇을 한 적이 있었어요. 피차 거기서 더 깊어지진 않으리라는 걸 아는 관계였죠. 원나잇은 생전 처음이었는데, 다른 생각 없이 사랑만 나눈다는 게 그렇게 기분 좋은 일인 줄을 전에는 몰랐어요. 장난을 좀 섞어 그 얘기를 언니에게 들려주자 언니는 정말 충격을 받은 것 같았어요. 그런 언니를 보면서 막 슬퍼지더라고요. 언니는 결혼을 했고 아이도 있어요. 다른 많은 사람들처럼 모종의 틀에서 벗어나는 게 보이면 가차 없이 비난을 퍼붓죠. 나처럼 미혼이면서 여전히 숫처녀 행세를 하고 다니는 여자애들을 알아요. 내 친구 중 한 명은 한 남자를 만나 지고지순한 사랑에 빠졌죠. 친구는 숫처녀가 아니었어요. 어느 날, 이 남자가 함께 여행 떠나자고 했을 때 친구는 이렇게 거절하더라고요. '나는 그런 부류의 여자애들과는 달라.' 결혼을 꿈꾸는 많은 여자들이 쓰는 방식이죠. 처녀성을 가지고 모르는 척, 놀라는 척하기. 수줍은 척, 아무것도 모르는 척 하면서 돌아눕는 거죠. 내 눈엔 한심하기 짝이 없는 일이지만."

말리카는 지독한 외로움과 함께 살아간다. 사람들의 잣대가 두렵기도 하고, 또 그게 권태롭기도 한 그녀는 가까운 지인들에게조차 마음을 털어놓을 수가 없다. 그녀의 사랑은 완전히 밀봉되어 있다.

"부모님은 내가 어떤 남자를 만나는지 알고도 모르는 체해요. 한번은 마음에 드는 어떤 남자에 대해 이야기한 적이 있었는데, 그와 실제로 관계가 시작되고 나면 그다음부턴 아무 말도 하지 않죠. 이미 선을 넘은 거예요. 사람들이 나에게 가할 수 있는 압력에 대해서는 신경 쓰지 않아요. 자유로운 삶을 얻기 위해 그토록 힘겹게 싸워왔는데 이제 와서 포기하는 건 바보 같은 짓이죠.

작년에 임신을 한 적이 있었는데, 아무리 생각해도 아이를 지켜낼 방법이 없었죠. 어머니는 병환 중이었고, 일은 많았을뿐더러 아이 아빠와 결혼하고 싶은 마음은 더욱 없었으니까요. 낙태는 너무도 당연하고 자연스러운 선택이었어요. 몇 년 전부터 우리 집에 와서 집안일을 도와주는 시골 출신 여자애가 처음엔 놀라더니 이런 제안을 하더군요. '걱정 마세요. 제가 맡아 기를게요. 아이 아빠는 필요 없잖아요. 오죽하면 이런 말이 다 있겠어요, '젖 줄 것도 아니면서 무슨 참견이냐." 반대로, 대학원 다니는 자칭 모더니스트 우리 사촌동생은 소리를 지르고 난리도 아니었죠. '맙소사, 이런 끔찍한 일이 생기다니! 당장 외국으로 나가. 몇 달 동안 몸을 숨기고 있으란 말이야.' 당황해 어쩔 줄 모르는 사촌이 나를 부끄럽게 여긴다는 걸 알아차리는 건 어렵지 않았죠. 난 그게 왜 수치스러워야 하는 건지 절대로 이해할 수 없었어요. 당시에 아이를 기를 수 없었고, 낙태를 한다면 그건 결혼도 하지 않고 임신한 게 수치스러워서가 아니라 실질적이며 현실적인 이유에서였거든요.

결국 낙태했어요. 대기실에는 나 포함 네 명이 있었죠. 난 아이를 인정했지만 준비가 되어 있지 않은 상황이었기에 낙태를 선택했어요. 또 한 여자는 결혼을 했고 이미 아이가 많아서 더 낳을 수 없는 상황이었고요. 산부인과 대기실이 무척 익숙해 보이는 세 번째 여자, 매춘부는 쉬지 않고 큰 소리로 전화기에 대고 떠들었죠. '아니, 왜 전신 마취를 했대? 난 지난번에 부분 마취만 해도 끄떡 없이 다 긁어냈는데!' 마지막 또 한 여자에 대한 기억은 그 후로도 며칠이고 머릿속에서 떠나질 않더군요. 젤라바를 입고 히잡을 두른 그 여자는 아주 가난한 행색이었죠. 수술비가 없다고 간호사에게 간곡히 부탁하다가 결국 다음 주에 다시 오겠다고 했는데, 간호사의 대답이 이렇더라고요. '다음 주엔 더 비싸져요.' 내가 그 여자 수술비를 대신 내줄걸 그랬어요. 그 여자는 결국 어떻게 되었을까요. 어쩌면 낙태 비용을 벌기 위해 몸을 팔지도 모르죠. 아니면, 최악의 경우 스스로 목숨을 끊을 수도 있고……. 이런 경우는 우리가 생각하는 것보다 더 빈번하게 벌어지고 있어요. 나를 포함해서 대기실에 있는 네 여자를 곱씹어 생각하니 국가가 정한 새로운 법안은 우리 중 그 누구에게도 도움이 되지 못한다는 걸 처절하게 깨달았어요. 우리야말로 현재 모로코 사회에서 낙태가 이루어지는 상황을 대표하는데요. 바로 그 순간 난 지붕 위에 올라가 세상 모두에게 외치고 싶었어요. 숨기라고 강요하는 것, 자진해서 한 게 아님에도 치욕처럼 감수해야 하는 것을 더 이상 견딜 수 없다고.

내 경우 직업과 넉넉한 수입 덕분에 이 상황에서 비교적 쉽게 빠져나올 수 있었죠. 하지만 세상의 모든 미혼 여성들이 그렇지는 못해요. 극적인 인생 속에 허우적대죠. 친구 중 하나는 미들아틀라스의 한 시골 여자가 낳은 여자아이를 입양했어요. 아이 엄마는 자기 딸을 넘겨주고 고향으로 돌아갔죠.

어느 날, 왕이 방문하던 시점에 제물로 바쳐졌다는 한 미혼모에 대한 이야기를 동료와 나눌 기회가 있었어요. 동료는 이러더라고요. '그 여자는 희생양이 아니야. 그렇게라도 해서 책임을 져야지.' 피가 끓는 느낌이었죠. 이처럼 참혹한 형벌을 받아 마땅한 범죄가 도대체 뭐란 말인가요?

남자랑 자는 것, 그게 원죄인가요! 아니, 정말, 아니에요. 난 우리가 아직 한참 멀었다고 생각해요. 절망스러울 정 도로."

*

우리 부모 세대에는 섹슈얼리티에 가해지는 금기의 무 게가 오늘날처럼 중요하지 않았다. 50년 전만 해도 절대 다수의 여성들은 청소년기에 결혼을 했으며 결혼 전 사 회생활을 직접 경험할 기회를 거의 갖지 못했다. 이는 여 전히 오늘날 다수의 모로코 여성들에게 해당되지만, 도시 에 사는 중산층 여성들은 이제 교육의 혜택을 받고 직업을 가지며 필요한 것은 스스로 충당하며 생활한다. 출생률은 1987년 4.3명에서 2007년 2.3명으로 감소했다.[17] 같은 시 기 평균 초혼 나이는 23세에서 28세로 늘어났다. 오늘날, 미혼으로 혼자 사는 여성의 비율은 25퍼센트이다. 2012년, 대학 입학 자격 시험 합격자 중 51퍼센트가 여학생이며, 최고 점수를 받은 열 명 중 일곱 명이 여학생이다. 사회는 급속도로 변화하고 있으며, 여성의 지위는 이전과 같지 않

---

17) 모로코 고등계획위원회(HCP) 통계 자료.(저자 주)

다. 하지만, 그들의 권리는 변화의 속도에 맞추어 재평가 된 적이 없다.

여성 해방뿐 아니라 경제적 어려움이 젊은 미혼자 수의 폭발적 증가를 설명해준다. 상황이 이러한데 성적 절제만 을 강요하는 게 과연 옳은 해결책이라고 볼 수 있을까. 교 육은 여전히 처녀성 지키기만 강조하고 있는데, 여자아이 들은 집을 떠나기 무섭게 가족의 통제를 벗어난다. 이 세 상 어디에서나 마찬가지로 여자아이들은 사랑을 꿈꾸고 금기에 도전한다. 결혼을 앞둔 절대 다수의 남자들이 처녀 성에 집착한다는 것을 모르지 않음에도. 그러므로 30년 전 의 모델은 다시 검토될 필요가 있다. 연인이라면 서로를 알고 싶고 서로 사랑하고 싶어지는 게 당연하다. 그런데 이러한 성적 자유는 결혼하지 않은 커플들에게 불안감, 죄 책감 그리고 고통의 감정을 주고 있는 것이다.

이 모든 맥락은 물론 남성과 여성 사이에 극도로 팽팽한 긴장을 만드는 데 기여한다. 절망감은 폭력을, 특히 여성 들이 아주 흔하게 겪는 공공장소에서의 폭력을 낳는다. 여 성들에게는 물론 일할 권리와 세금을 낼 권리가 있으나 거 리를 평화롭게 거닐 권리, 테라스에 앉아 담배 피울 권리 가 없다. 극보수파로 잘 알려진 아부자이드 엘모크리 국회의원은 2016년 2월 동영상을 배포하였다. 비디오 속에서 그는 여성들이 학업에 뛰어나고 가사에도 헌신적이며 법도 잘 지키는 반면, 남성들은 왕처럼 대접받으나 잘 해내는 건 없다고 비아냥거린다.

어쩌면 이것이 혁명의 시작인지도 모르겠다. 점점 더 많은 여성들이 사회적으로 중요한 자리를 차지해간다. 사회적 성취를 이룬 여성들은 스스로 해방된다. 남성들에게는 당황스러운 전복이겠으나, 정작 그들 역시 어디로 가야 할지 모르고 있다.

아스마 람라베트
: 모든 종교는 섹슈얼리티 앞에서 평등하다

모로코에서 '섹슈얼리티 혁명'이 일어날 가능성에 대해 언급할 때마다 번번이 함께 있는 이들로부터 물벼락이라도 맞는 참담한 심정이 되는 건 어쩔 수가 없다. 이 사회에서 종교가 차지하는 무게가 어느 정도인지 가늠해볼 때 단기간에 법이 바뀌는 건 불가능한 일이라는 게 절대 다수의 생각인 것이다. 그래서 나는 이렇게 생각하게 되었다. '무슬림이면서 동시에 성 문제에 대해서만큼은 국가나 사회의 구속 없이 자유로워질 방법은 없을까?'

이슬람교는 오로지 한 가지 형태의 성만을 용인하는 종교라고 생각한다. 부부간의 성, 즉 이성 간의 성. 이슬람교를 믿는, 다시 말해 무슬림 사회를 구성하는 것은 간음, 동성애, 미혼모, 낙태, 매춘 등에 대한 각종 금기 사항들이다. 이 시스템은 침묵, 나아가 오메르타의 문화, 종교인의 설교, 법률, 사회적 협약의 강요에 힘입어 유지된다.

그렇지만, 이슬람 초기의 뛰어난 연구자들이 보여주었듯, 섹스는 금기가 아니다. 『아랍의 에로티즘』에서 말렉 셰벨은 섹스는 인간의 균형과 성숙의 원천이라는 사실을 증명했다. 성행위는 생식만을 위한 것이 아니라 즐거움을 위해 존재하는 것이며, 따라서 오르가슴은 천국의 약속과도 같은, 즐거움의 전주곡이어야 한다. 이처럼 초기의 이슬람교는 오히려 섹슈얼리티를 권장했다. 신의 창조물을 불순한 것으로 여길 이유가 없기 때문이다. 모로코 출신 사회학자 파티마 메르니시 역시 저서 『무슬림 국가에서의 사랑』에서 이렇게 말한다.

"예수에게 성생활이 없었다면, 예언자 무함마드의 그것은 매우 풍성했다. 그리고 우리는 그것을 길잡이와 본보기를 찾는 신도들에게 마치 강요라도 하듯 상세히 들려준다. 이 두 가지 종교는 욕망을 외면하라고 조언하지만 그 방법엔 차이가 있다. 기독교는 섹스를 타락의 근원으로 소개한다. (…) 이슬람교의 경우, 좀 더 정제되어, 욕망을 더 잘 다

스리기 위해 탐색하고 알아야 하는 적과 동일시한다."

더군다나 이슬람 문화는 오랫동안 섹슈얼리티와 에로티즘으로 유명하지 않았는가. 다시 한 번 파티마 메르니시를 인용하자면, 무함마드가 과시한 부부 관계와 성관계에 대해 기독교인들은 외설적으로 여기지 않았던가 말이다.

육체적 요구와 신앙의 의무 사이에 존재하는 양립 불가능성을 보지 못했던 학자들이 이끌어온 오랜 전통이 무슬림들에게 참고가 될 수 있을 것이다. 9세기에서 13세기에 이르기까지 이슬람 문명이 절정에 달하는 동안, 에로틱 문화와 예술이 만개했다.

"모든 청소년들이 15세기에 셰흐 네프자우이가 쓴『향기의 정원』[18]을 읽었다. 섹스는 어떻게 하는지, 어떻게 하면 최고의 쾌락을 누릴 수 있는지 알고 싶어 하는 왕자가 등장하기 때문이다. 그런데, 이 이야기는 비스밀라, 다시 말해 '신에 맹세코!'라는 말로 시작한다."라고 작가 타하르 벤 젤룬은 환기하였다.

19세기부터 시작된 아랍 세계의 지적 정치적 경제적 몰

---

18) 섹슈얼리티를 다양한 측면에서 다룬 성애 문학. 아랍 세계에서는 인도의『카마수트라』와 유사한 의미와 무게를 지닌다.

락은 섹슈얼리티를 보는 관점이 한결 엄숙해지는 것과 동시에 진행된 것으로 보인다. 20세기에 들어서면서 식민주의는 이 분야의 법률을 극도로 제한적으로 개정하기에 이른다. 제일 큰 목적은 서구와 토착민 여성들 사이에 경계를 만드는 것, 그리고 토착 인구의 무절제한 성생활에 제동을 거는 것이었다. 동성애를 억압하는 형법 489조가 사실은 1982년에 이미 폐기된 프랑스 형법 331조를 그대로 베낀 것이라는 사실을 밝혀둘 필요가 있겠다. 입법자들은 이슬람 법이나 그 밖의 종교적 문헌을 참조한 게 아니라 식민지로부터 물려받은 법을 고스란히 답습하고 있는 것이다. 같은 시대에 발생했으나 유럽의 손에 결국 넘어가고 만 이슬람교와 아랍 세계 패배의 책임은 성생활에 제한을 두었다는 데서도 일부 찾을 수 있을 것이다. 1929년, '무슬림 형제'의 창설자인 하산 엘 바나는 이집트에 대해 이런 글을 썼다.

"어째서 이 나라는 예속 상태가 되었는가? 이것은 이슬람 법을 어긴 탓인가?"

여성의 자유, 동성애, 자유연애는 죄악으로 지명되고, 섹슈얼리티를 둘러싼 해석은 점점 편협하고 엄격해지기 시작했다. 1975년, 『이슬람의 섹슈얼리티』라는 고전을 저술

한 튀니지인 압델와하브 부디바의 눈에 섹스에 대한 엄격하고 청교도적이며 암울한 시각은 심지어 이슬람 정신과 모순되는 것이다. 그에게는, "섹슈얼리티의 의미를 재발견하는 것은 신의 의미를 재발견하는 것이요, 그 반대 역시 옳다. (…) 활짝 피어난 섹슈얼리티는 자유를 얻은 것과 마찬가지"였다.

그는 이슬람교의 섹슈얼리티가 잊고 지내온 한 가지 관점을 환기시키는데, 육체관계가 주는 즐거움과 행복의 관점이 그것이다. 그는 육체가 거절되거나 속박되지 않은 문화, 성행위가 기도 시간과 거의 동등하게 간주되는 문화에 대해 들려준다. 하지만, 그가 생각하는 해결책은 이슬람 사회에 서구의 모델을 그대로 대입하는 데 있지 않다. 섹스를 종교와 대척되는 것이 아닌 종교와 함께 해방시킬 수 있는 제3의 길을 찾아야 한다.

우리 생각과 반대로, 종교는 섹슈얼리티와 연관된 물음들에 대해 전혀 침묵하지 않는다. 그보다 섹스는 대중적으로 인기 있는 설교자들이 가장 빈번하게 접근하는, 때로는 완전히 농담처럼 희화시키곤 하는 주제일 것이다. 이 파트와 중 가장 많은 논란을 일으키는 것은 탕헤르 출신의 성

공한 이슬람교 설교자 셰흐 잠자미의 경우다. 이슬람교에서는 그것이 남편의 시체에 해당한다면 시체와 성행위 하는 것을 허용했다는 사실을 확인함으로써 화제를 몰고 온 인물이다. 아랍어권 주간지와 한 인터뷰에서 셰흐 잠자미는 섹스 토이를 사용하는 것은 종교적인 관점에서 전적으로 합법적인 행위에 해당한다고 밝히기도 했다. 무슬림 여성들은 성욕을 해결하기 위해 당근이나 물병 따위의 물건을 이용할 권리가 있다는 것이다.

"자위행위를 허용하는 것은 젊은 남녀가 죄악에 드는 것을 막기 위한 조치이다. 우리는 지금 젊은이들에게 혼외관계를 부추기는 시대를 살고 있다. 자위행위는 젊은 무슬림 남녀가 결혼 전까지 욕망을 해소하기 위한 일시적 방편이다. 자위행위의 허용은 따라서 종교적 목적에 부합한다. 우리 젊은이들이 더 큰 죄악에 빠지지 않도록!"

아랍 위성 방송에서 이슬람교 율법학자들은 지속적으로 섹스에 대해 이야기한다. 가장 이름난 정통 이슬람교 설교자 셰흐 알 카라다위는 알자지라 방송국의 「이슬람교의 법과 생활」을 진행하는데, 시청자가 수천만 명에 달한다. 그는 이따금 성적 문제들에 접근하기도 하지만 한 치의 망설임도 없다. 가령, 그는 "억제할 수 없는 욕망"을 어떻게 해소할까 하는 물음에 대한 답변으로 자위행위를 권한다. 2008년, 네덜란드의 한 이맘은 무슬림 여성들에게 자전거를 금지했다. "자전거 안장에 걸터앉는 것이 여성들에게 성적 욕망을 부추기므로 자전거는 금지되어야 할 물건"이라는 의견이었다. 2007년, 알아자르 대학의 두 교수가 이런 제안을 했다. "여성은 동료에게 하루 다섯 번씩 모유 수유를 함으로써 그와 가슴으로 유사 성관계를 가질 수도 있습니다." 엄마와 젖먹이의 관계를 맺음으로써 지극히 합법적인 방식으로 사무실에 둘만 남을 수 있다는 말이다. 관련 기록에 따르면, 최근의 파트와는 여성들에게 바나나와 오이를 만지는 것조차 금하였다. 그것이 남성의 성기를 연상시키기 때문임은 물론이다.

이 문제점에 대해 좀 더 알아보기 위해 나는 의사이자 신학자이며 개혁적 사고방식으로 모로코에서 꽤 알려진 아스마 람라베트를 찾아갔다. 그녀를 만난 곳은 모로코 이슬람교 율법학자 단체 라비타 모하마디아[19]의 라바트 여성 연구소에서였다. 명망 높고 존중받는 기관이다.

---

19) 2006년 모로코 국왕 모하메드 6세가 창설한 단체로 관용과 열린 이슬람교를 지향한다.

결국은 상당히 개인적인 질문에 답변하기 위해 텍스트 연구를 시작했습니다. 무슬림 여성으로서 신앙생활을 충만히 누리며 살기 위해서 어떻게 해야 할까. 어째서 나는 매번 종교의 이름으로 나 자신에 대해 해명해야만 하는가. 그게 출발점이었지요.

여성들은 머리 위에 다모클레스의 칼을 두고 살아갑니다. 종교의 이름이라면, 누구든, 무엇이든 말할 수 있지요. 당신들을 지배하는 것들에 대한 증명을 요구하면 언제나 뻔한 답이 돌아오죠. "코란에 그렇게 쓰여 있잖아!" 이처럼 일반화된 종교적 야만성에 맞설 논리가 여성들에게는 필요합니다. 우리에겐 신성의 이름으로 자행되는 모든 것을 받아들일 의무가 없습니다. 코란에서 정말로 말하고 있는 게 뭔지 알아내기 위해 근본으로 돌아간 것은 바로 이 때문이지요.

우리는 종교가 더욱 견고해지고, 여성들은 무슬림으로서의 정체성을 표출하지 않으면 안 되는 사회를 살아가고 있습니다. 여성의 몸은 끔찍한 무게를 감당하고 있습니다. 여성들이 어떻게 보이느냐가 한 사회의 이슬람화 정도를 결정합니다. 명예, 이미지, 계승, 미덕, 이 모든 것이 여성들의 어깨를 짓누릅니다.

나는 성 문제를 연구하는 게 아닙니다. 나를 당황시키는 면이 없지 않으므로 섹슈얼리티 문제에 대해 살짝 비껴간다는 걸 부인하진 않을게요. 현재 정신 구조에서는 판독하기도, 해체하기도 어려운 문제이니까요. 차차 다가올 문제라고 생각합니다. 우리 사회는 너무나 정신병적이고 이원론적이어서 처음부터 다시 시작해야 합니다. 가령, 이런 질문부터 시작하면 어떨까요. 종교에 어떻게 다가갈까? 조금 전 미국 연구자들과 토론을 했는데, 그중 한 연구자는 학생들에게 이런 주제의 작문 숙제를 내주었다고 합니다. "나에게 종교란 무엇인지 한두 단어로 정리해보자."

대다수의 여학생들은 "두려움"이라는 단어로 대답했다더군요. 끔찍하지 않나요! 신의 이미지는 복수요, 종교의 이미지는 징벌인 겁니다. 공립 초등학교 수업 시간부터 이슬람 종교 학교에 이르기까지 우리는 "신을 두려워하라."라는 말을 귀에 딱지가 앉도록 듣습니다. 그렇지 않으면 좋은 무슬림이 아닌 거죠. 이런 맥락에서라면 섹슈얼리티를 두려워하는 것 역시 당연한 일입니다. 여학생들과 남학생들의 교육에 대해 전반적으로 다시 점검할 필요가 있습니다. 종교란 엄격하기만 한 도덕률이 아니라 자유와 해방의 윤리라는 걸 가르쳐야 하죠. 그러기 위해선 우리 사회의 문화적 토대에 대한 연구가 선행되어야 합니다.

섹슈얼리티의 문제에 대해 코란은 말이 없습니다. 가령, 처녀성에 대해 심지어 비교적 자유로운 사고를 지녔던 예언자 무함마드의 말씀 속에서도 단 한 구절도 찾아내지 못했어요. 우리 사회의 한복판을 지배하는 처녀성에 대한 강박은 우선 철저히 지중해적인 특징입니다. 그리고 그 해석은 이슬람교 율법학자들에 의해 이루어졌는데, 바로 이들이 종교가 결혼 전 처녀성을 강요한다고 주장하는 거죠. 그런데 말이죠. 이 점에 대해 정확한 텍스트와 근거를 보여주는 사람은 단 한 명도 없더군요. 근거 없는 일반화만 정설처럼 떠돌고 있어요.

확실한 것은, 코란이 특정 젠더를 겨냥하는 것이 아니라 인산(인간)에게 말을 건다는 사실입니다. 이러한 발견은 여성인 나에게 분명히 환기시키는 바가 있었습니다. 왜냐하면 나에게는 언제나 남성적으로 정해진 규율들에 대한 열등감 같은 게 존재했으니까요. 그런데, 섹슈얼리티 차원에서 바라본다면 우리는 열등한 존재가 아니라 고유한 한 개체, 한 인간으로 오롯이 존재하게 되죠! 우리가 스스로에게 강요하고 싶어 하는 '젠더화된 섹슈얼리티'란 존재하지도 않는 거니까요. 섹슈얼리티 문제에 무척 엄격한 유대교나 가톨릭이 코란 경전을 해석하는 데 징글징글할 정도로 많은 영향을 미쳤다는 걸 잊지 맙시다. 최초의 주석가들은 고립된 사람들이 아니라 이미 일신교 문화와 세계관에 젖어 있었죠. 여기에 또 한 가지 중요한 사실을 덧붙이고 싶군요. 인류 역사엔 여성혐오가 이미 내장되어 있어요. 이슬람만 특별한 게 전혀 아니라는 말이죠. 그리고 우리는 여전히 이런 유형의 인류학적 독서를 계속해오고 있습니다. 내가 보기에 모든 종교는 섹슈얼리티라는 문제 앞에서 똑같습니다. 어떤 종교가 더 낫다고 볼 수 없어요.

구태여 차이를 찾는다면, 코란은 많은 주제에 대해 침묵함으로써 우리에게 해석을 남기고 긍정적인 방향으로 질문 던질 수 있게 한다는 것이랄까요. 이 침묵은 주석가들에 의해 나쁜 쪽으로 이용될 여지가 다분합니다. 가령 결혼 생활의 섹슈얼리티를 예로 들어보자면, 다른 종교에서는 용인될 수 없는 성적 자유와 선정성의 가능성이 있다는 거죠. 예컨대 이 유명하고 말 많은 구절을 볼까요. 이슬람은 여성혐오 성향이 다분하다고 주장할 때 근거로 자주 인용되는 구절이죠. "당신의 여자들은 노동(쟁기질)의 터전 같은 것. 그러므로 마음 내키는 대로 일터로 가라.(코란, 2, 223)" 가장 많이 유통되고 있는 이 버전은 구태여 따지자면 직역에 해당합니다. 나는 자연스럽게 이 텍스트가 수용된 조건과 환경에 관심을 갖게 되었어요. 당시, 메카의 여성들과 결혼한 메디나 남성들은 '뒤로' 하는 성관계를 거절하는 부인들에게 불만이 많았다고 하지요. 여성들은 후배위가 눈 먼 아이를 낳게 한다는 히브리의 전통에서 비롯된 미신을 믿었던 거죠.

사실, 이 구절이 말하고자 하는 것은 풍습의 해방이고, 신도들로 하여금 파트너의 성적 자유를 주게 하자는 것입니다. 가령 이런 의미라고 할 수 있지요. "느끼는 대로 행동하라." 오직 한 사람의 학자만이 다르게, 그리고 매력적으로 번역했더군요. "노동의 터전"이라고 번역하는 대신 "삶의 원천"이라고요! 이렇게 되면 모든 게 바뀌죠. 우리는 여성들에게 남편이 하는 대로 둬라, 심지어 강간을 당해도 그냥 있어라, 남편이 하는 모든 것을 받아들여야 한다고 가르쳐왔습니다. 하지만, 이제 아니에요. 여성은 이제 수동적인 대상이 아니라 섹슈얼리티의 보고가 되는 거죠.

우리는 전부 절망하고 있다는 사실을 인정해야 해요. 세계 최초의 포르노 소비자는 바로 페르시아만 국가들 아니었던가요? 사람들은 할랄과 하람밖에 모르고, 여성을 전면화해서는 안 된다는 구실하에 오히려 여성을 더욱 성적인 존재로 전락시키는 엉터리 이슬람 교리를 전파합니다. 종교에 좀 더 가까이, 깊이 다가간다는 것은 우리 몸에서 섹슈얼리티를 제거한다는 말로 들립니다. 무엇보다 먼저, '나는 여자다.'라는 분리와 고정 관념으로부터 나 자신을 해방시키고 싶었죠.

페미니스트들은 성적 권리를 주장했다가 스스로를 매장시키지나 않을까 두려워합니다. 여기에 관련된 일화가 있어요. 2년 전, 전통과 교리만을 고집하는 나이 든 이슬람교 율법학자들을 대상으로 컨퍼런스를 연 적이 있어요. 무척 고전적인 텍스트였는데도 가차없는 공격을 받았지요. 이슬람 여성들에 대한 강연을 준비해, 청중들 성향에 맞추어 약간 수정한 것이었는데도 말이죠. 아, 물론 주제 자체를 바꾼 건 아니었어요. 누군가 그러더군요. "당신은 유럽 물이 잔뜩 든 사람이오. 우리 무슬림 여성들이 유럽 여자들처럼 바뀌어야 한다는 말을 하고 있는 거 아니오! 모로코에 동성애를 퍼뜨리자는 말 아닌가요." 내가 반박할 수 있는 부분은 오직 한 가지였어요. 남성과 여성의 평등. 그런데 말이에요, 이것조차도 받아들이지 못하더란 말입니다.

나는 종교 기관에 소속되어 있으며, 종교 텍스트를 연구하는 사람입니다. 아주 섬세하고 조심스럽게 다루어야 하는 텍스트죠. 나에게 중요한 것은, 여성들을 해방시키고 여성들에게 선택권을 주는 것입니다. 성적 해방에 대해 이야기할 때 우리는 자연스럽게 모델을 거론하게 됩니다. 우리 사회가 취할 모델은 어떤 것인가? 현재까지 이론화된 유일한 모델은 전통으로부터의 자유를 장려하고 어쩌면 우리 사회에 충격을 일으킬 수도 있는 '서양'이라는 모델입니다.(서양이라는 단어가 충분한 뉘앙스를 담아내진 못하는 게 사실이긴 하지만요.) 나는 탈식민적 사고를 가지려고 노력합니다. 모델을 따라 그대로 베끼는 데 만족하는 헤게모니 따위는 나에겐 문제가 되지 않아요. 그것을 모델로 삼아 재건설하고 다시 만들어낼 무언가가 우리에게 있다고 나는 믿습니다.

낡은 유대 법에 맞서 싸우는 유대인 페미니스트와 마찬가지로 나는 가부장적 구조를 바탕으로 한 우리 사회에서 여성들을 억압하는 코란의 편향된 해석에 도전합니다. 왜냐하면, 우리가 종종 듣는 사실과는 반대로 이슬람교의 영적 메시지란 것은 오히려 '해방의 메시지'를 담고 있기 때문입니다. 낙태를 예로 들 수 있겠네요. 예언자의 전통에 따르면 임신 두 달까지 여성들에게 낙태를 허용했다고 합니다. 마찬가지로, 남녀가 한 공간에 있는 것을 금지하는 것은 코란에 대한 지극히 선택적이며 이분법적 해석에 지나지 않습니다. 역사 속에서 학문과 토론의 공간인 이슬람교 사원은 때로 남녀가 한 곳에 모이는 곳이었습니다. 여성들은 성스러운 것에서 제외되는 법이 없었지요. 우리 조상들은 신앙심과 육체적 욕망을 조화롭게 결합할 줄 알았습니다. 그러니 이제부터라도 우리 시대에 어울리는 긍정적인 성 모델을 다시 만들어나가야 합니다. 예전에 섹스는 드러내놓고 자랑하는 것이 아니었지만, 그렇다고 감추어야 하는 대상도 아니었습니다. 우리는, 우리 문화에 낯설기만 한 엄격주의라는 이름으로 자연스러운 것, 표현의 자유를 잃어버렸습니다.

더 이상 나는 여성을 보석이나 사탕에 비유하면서 음탕한 시선들로부터 보호하기 위해 꼭꼭 싸매야 한다는 말을 듣고 싶지 않습니다. 여성을 가두거나 감옥에 넣으면서 언제나 그게 여성을 보호하는 방법이라고 말하죠. 여성은 충동이요, 유혹이다, 여성은 오라[20] 즉 부정의 대상입니다. 사람들은 여성의 귀가 시간에 대해 설전을 벌이고, 여성의

---

20) 밖으로 드러내지 않고 감추어야 하는 신체 일부를 지칭하는 말.

신체나 옷차림을 두고 흥분합니다. 그런데 코란은 한번도 여성에 대해 이런 식으로 말한 적이 없어요! 이슬람교에서 여성의 존재는 무엇보다 탁월한 감각과 지혜, 그리고 이성을 겸비한 자유로운 인간입니다.

마찬가지로 나는 내밀함, 연민, 온화함 등 이슬람교에서 아주 흔히 보이는 이 개념들이 언제부턴가 차갑고 영혼이 결여된 엄격주의에 밀려났다고 생각합니다. 그리하여 나는 우리 사회에서 사랑이 차지하는 자리에 대해 반문해봅니다. 우리 세대는 사랑에 지나친 가치를 부여했습니다. 우리는 지나치게 감성적인 부분이 있었죠. 이에 반해 요즘 젊은이들 세대는, 뭐랄까, 훨씬 더 실용적으로 진화했달까요. 이성을 따지고, 감정에만 치우치지 않도록 자신을 조절할 줄 알죠.

와하비즘은 문화가 없는 이데올로기입니다. 모로코가 문화적 이슬람주의라는 것을 다행으로 여기며, 개방적인 것에 대해 거부감이 없는 이 문화를 무슨 수를 써서라도 지켜내야 한다고 주장하고 싶습니다. 젊은이들에게 열린 이슬람, 자유주의 이슬람을 소개할 때면 안도의 한숨을 내쉬는 이들이 많은 건 어떻게 설명하면 좋을까요.

그럼에도 조금이나마 진보를 찾을 수 있다는 점에서 나

는 낙관주의자입니다. 10년 전이라면 결코 있을 수 없었을 토론이 지금은 열리기도 하지요. 순전히 야만적인 반응만 돌아온다 해도 적어도 우리는 이제 말을 할 수 있게 된 거지요. 불행히도 종교인은 한 쌍으로 짝을 이루는 할랄과 하람의 논리 속에서 교리적 진실의 총체로 전할 뿐, 신도를 비판 정신이나 윤리에 대한 입증으로까지 이끌지는 못합니다. 이러한 자유는 많은 변화를 가져올 것이며, 개중에는 이를 두려워하는 이들도 있지요. 만일 우리가 종교인을 자유를 위한 도구로 내세운다면, 분명 입이 터진 듯 언어가 해방되고, 육체가 자유를 얻고, 영혼이 해방되는 것을 보게 될 겁니다. 영혼 없이 육체만 해방시킬 수는 없는 법이에요. 이렇게 '해방된' 모로코 시민이 나아가 정치적 투표에서도 다르게 행동하는 모습을 나는 상상해 봅니다……

정체성에 대한 토론
: 서구화의 안티 모델

　캐리커처를 무기로 사용하는 이들에겐 썩 유쾌한 일이
아니겠지만, 내가 만나고 나에게 이야기를 들려준 사람들
은 '무교 엘리트'들이 아니다. 이들은 전부 환경도 다양하
고 저마다 사연과 열망을 간직한 여성들이다. 단 한 사람
도 모로코인이라는 자신의 '정체성'을 탓하지는 않았다.
이들은 자유롭게 살고 원하는 대로 자기 몸을 사용하는 것
이 유일한 바람인 여성들이다.

　『우리는 모두 페미니스트가 되어야 합니다』를 쓴 나이
지리아 출신 소설가 치마만다 응고지 아디치에는 어느 날
자신에게 한 나이지리아 대학생이 페미니즘은 아프리카

것이 아니라고 말했다는 일화를 들려주었다. "그건 우리 문화가 아니잖아요." 그 남학생은 이렇게 내뱉었다고 한다. 이슬람교도들에게도 마찬가지로 보편적 페미니즘은 서양에서 온 '트로이의 목마'에 지나지 않는다. 그들에게, 계몽주의 원칙이란 미끼일 뿐이다. 그건 식민 합법화의 도구가 아니었던가? 서구 지배자들이 자기들에게 득이 될 계약서를 쓰게 하기 위해 만들어낸 사기극이 아니었던가? 언젠가, 법정에서 모로코가 성관계 처벌을 폐지해야 한다는 생각을 옹호한 이를 향해 사납게 일어나 동성애를 퍼뜨리며 모로코를 거대한 사창가로 만들려는 속셈이라 성토한 사람이 있었다. 만일 위험을 무릅쓰고 "지지한다."라고 말한다면, 서구 유럽의 성적 자유와 성 평등, 여성으로서 한밤중에도 아무 두려움 없이 거리를 활보할 권리를 원한다면, 당신은 배신자로 낙인찍힌다. 그리고 이런 식의 알쏭달쏭한 말을 듣게 된다.

"비키니 입은 여자, 외설적인 것을 따라 하는 여자가 히잡을 쓴 여자보다 더 아름답다는 말이오? 유럽 여자들이 진심으로 우리보다 행복하단 말입니까?"

프랑스 친구들에게 유럽이 과거 지중해 건너편 나라들에 얼마나 집착했는지 이야기할 상황이 되면, 친구들은 기분 나쁜 기색을 드러내지 않기 위해 일부러 에둘러 대답한다.

"아, 유럽 말이지? 더 말할 게 뭐 있어. 식민지는 오래 전에 끝났잖아. 식민지를 등에 업고 다니던 시대는 예전에 끝났어." 물론, 식민지의 권력이라는 게 더 이상 존재하지 않고, 옛 식민 국가들 간의 관계 역시 느슨해졌다. 그렇지만 1990년대부터 아랍 세계에서 끊임없이 발생하는 전쟁은 굴욕으로 받아들여지며, 유럽식 생활 방식의 헤게모니는 말을 하진 않아도 식민주의의 한 방식으로 여겨진다. 『할례 받은 사랑』의 저자 압델락 세르한은 "유럽 문화가 전통적인 정체성을 형식적 측면에서 전복시키고 개개인을 다분히 염려스러운 모호함, 갈등의 근원 속에 갖다놓았을 뿐이다."라는 입장이다. 현대화와 세계화의 흐름에 굴종한다는 느낌은 정체성의 위기를 상징하고 가부장 중심 사회 체제를 더욱 공고히하고 싶다는 남성들의 의지를 한층 더 강하게 만든다. 성적 공간은 남성이 지배를 발휘할 수 있는 유일한 공간이 되어간다.

살라피스트[21])에게 유럽은 안티 모델이다. 투명성에서 과장까지 이르는 안티 모델. 모든 것을 말할 수 있고 모든 걸 볼 수 있고 언제 어디서나 섹스를 하고 여성의 몸이 부끄러움의 대상이 되지 않는 안티 모델. 여기에 양보한다는 것은 곧 혼돈에 빠질 위험을 무릅쓴다는 것이다. 여성들의 자유를 받아들이는 것, 그것은 사회 질서의 해체를 향해 가속 페달을 밟고 문화와 전통에 사형을 선도하는 일이나 다름없다. 설상가상으로 이슬람교도와 유럽에 대한 대화를 해보면 몇 분 지나지 않아, 여성, 동성애, 혹은 성적 자유에 관한 주제에 접근하는 모습을 보게 된다. 그들에게 유럽의 특징이란 것은 '전통의 혼란'이거나 '성적 일탈'인 것이다. 미국인 롤런드 잉글하트와 피파 노리스가 1995년부터 2001년 사이에 진행한 연구(「이슬람과 서구」)는 이슬람 세계와 유럽을 가르는 가장 큰 여론은 민주주의의 가치나 정치 시스템이 아니라 여성의 역할, 그리고 섹슈얼리티 성향을 띠느냐 그렇지 않느냐 하는 문제들임을 밝히고 있다. 그들에게 "이슬람과 유럽을 분리하는 협곡은 데모스(정치)보다는 에로스(사랑의 신)와 더 관계가 깊다!"

---

21) 이슬람 원리주의인 살라피야를 따르는 사람들. 샤리아 법이 통하던 7세기 이전의 이슬람 세계로 돌아가야 하며 이를 위해 무력을 사용할 수도 있다고 본다.

종종 토론이라는 것이 상대편을 손가락질하거나 희화화하는 것으로 끝날 때가 있다. 보수주의자들은 진보를 주장하는 모더니스트들을 "무교에 편승하는 이들"이라며 경멸하듯 지칭한다. 그럴 때 보수주의자들의 말 속엔 짙은 가래가 섞여 있다. 그들에게 나는 물론 유럽화된 엘리트, 동포들의 절대 다수가 겪는 현실로부터 단절된 채 특권을 누리는 복에 겨운 사람으로 보일 것이다. 그런데, 이것으로 나에게서 모든 정당성을 제거할 수 있는가? 그렇다면 내가 모로코 절대 다수 부르주아들처럼 비밀을 키우며 은둔 속에 살아야 한단 말인가? 사적인 공간 내에서 주어진 자유를 누리는 것은 법 조항으로 금지된 일이 아니지 않느냐고? 그만한 여유가 있기에 내 부류 사람들에게만 제한된 공적 공간 안에서 원하는 대로 행동하는 거라고? 나 역시 오랫동안 그렇게 믿어왔다. 아주 오랫동안 내 관점을 강요하고자 하는 건 일종의 시혜라고 생각해왔다. 지금의 나는 오직 내가 옹호하는 것들이 정당하며 중요하다고 생각한다. 나는 보편 가치를 지지하며, 정체성이라든가 종교, 또 개인으로부터 권리를 빼앗는 소위 역사적 유산이 보편적이라거나 절대로 침범할 수 없는 성역이라는 생각에 철저히 저항한다.

현실적으로, 미덕과 절제에 기반을 둔 이슬람 정체성과 타락의 그것으로 보일 유럽 문화를 대척시키면서 우리는 우리의 문화유산을 완전히 부정한다. 문제는 정체성도 도 덕도 아니고 오히려 정치적인 것에 있다. 이슬람들에게는 성적 권리가 없다고 생각한다면, 그것은 그들이 살고 있는 체제 대다수가 개인의 자유를 부정하기 때문이다. 종교 시 민에게는 스스로 생각할 권리도, 스스로의 인식에 따라 결 정할 권리도 없다. 원하는 사람과 사랑할 권리도 허락되지 않는다. 이집트 사회학자 셰린 엘 페키는 저서 『유희의 혁 명』에서 이렇게 썼다.

"종교는 특히 여성과 젊은이를 겨냥한 사회 통제의 수 단이다. 체제가 억압 상태에 처해 있을수록 섹슈얼리티는 이슬람교의 히잡 밑으로 점점 더 억압된다."

사회학자 압데사마드 디알미는 이렇게 설명하였다.

"1970년대 유럽과 미국에 성적 혁명이 찾아온 후 아랍 세계의 몇몇 석학들은 섹슈얼리티와 몸의 문제에 대해 관 심을 갖기 시작했습니다." 압델와하브 부디바의 『이슬람 의 섹슈얼리티』, 파티마 메르니시, 아시아 제바르, 말렉 셰 벨의 저서가 여기에 해당한다. 십여 년 전부터 특히 레바 논이나 이집트에서 등장한 새로운 지식층이 이슬람 국가들의 성적 자유에 관한 문제에 대해 전면적으로 접근하는 추세다.

그러나 막상 현장에서는 이처럼 전투적이고 도전적인 태도가 성 평등에 대한 문제에만 집중되어 있다. 권리의 가치 회복, 교육, 보건, 직업, 피임에 접근하는 투쟁. 50년 동안 페미니스트들이 이루어낸 업적은 어마어마한 것이다. 억압된 섹슈얼리티를 해방시키기 위한 투쟁은 여전히 갈 길이 멀다.

마하 사노
: 보지를 보지라 부르지 못하고

마하 사노는 젊고 자유롭고 창의적이며 놀라운 구석이 많은 젊은 여성이다. 우리가 만난 건 2015년 초, 라바트 시내 그녀가 혼자 살던 아파트 근처 카페에서였다. 이브 앤슬러의 유명한 연극 「버자이너 모놀로그」를 보던 이야기를 그녀는 들려준다. 이 연극에 반한 마하는 2012년 모로코에서 공연해보기로 결심하게 된다. 사회 각 분야, 모든 소득층을 망라한 여성들을 관객으로 맞이하기 위해 그녀는 아쿠아리움 연극 협회의 도움을 받아 토론의 장을 마련한다. 목표 하나. 바로 이 여성들이 여성의 성기를 어떻게 부르는지 알고 싶다는 것이었다. 라바트의 저소득층 동네

아카리에 위치한 아쿠아리움 연극 협회는 여성 및 사각 지대에 몰린 이들을 위한 표현의 한 방법으로서 예술을 제안한다는 야심으로 설립되었다. "예술을 통해 성 평등을 연출하고 장르 문화를 전파한다." 이것이 설립 취지였다.

마하 사노의 이야기를 들어보자.

우리는 여성 수십 명의 이야기를 들어보았는데, 섹슈얼리티에 대한 그들의 이야기 대부분이 드라마틱했습니다. 게다가 나는 그들이 스스로를 피해자로 이야기하는 것에 오히려 정당성을 갖는다는 느낌을 받았습니다. 쾌락을 느끼고 그것을 요구하면서도 분명 그런 모습들이 매춘부와 동일시되진 않을까 두려워하는 거겠지요. 일반적으로 우리는 여성들을 이러한 피해자의 역할에 가두려는 경향이 있습니다. 낙태에 대한 토론을 봐요. 피해 여성들에게만 국한시켜야 한다는 느낌을 갖지 않던가요. 법에서 이야기하는 것도 바로 그 부분이죠. 합의하에 이루어진 성관계의 경우는 낙태의 권리에서 제외된다. 쾌락의 권리는 완전히 외면당하며, 이는 어떻게 보면 국가가 여성의 몸을 장악하고 있다는 사실을 방증합니다.

이 토론 모임은 무척 화기애애해서 내내 웃으며 시간을

보냈습니다. 모임 중 한 여성으로부터 들은, 믿기 힘든 한 이야기가 기억나는군요. "해방이 뭐 있나. 만일 처녀막이 애초에 존재하지 않다면 그게 곧 해방이지." 이런 종류의 여성 모임은 예외적인 일이 아니라는 걸 알아야 합니다. 저소득층 사회에선 여성들은 오후만 되면 서로서로 모여 가족, 아이들 그리고…… 섹스에 대한 이야기를 서로 털어놓습니다. 간혹 성적인 이야기를 아주 공공연하게 노래하는 가수를 초청하는 일도 있지요. 성교육이라는 것 자체가 매우 억압된 나라에서 이러한 시간은 숨쉴 수 있는 시간이자 동시에 여가 시간인 것이죠. 여성들에게 그들의 섹스에 대해 말을 건넬 때 우리는 "그들의 문제"를 감추라거나 생리에 대해 지극히 폭력적으로 말합니다. 생리는 이렇게 뭔가 불순하고 더러운 것, 원초적인 저주의 형태와 연결되는 거죠.

마침내 연극을 올리게 되었는데, 공연 도중(2012년 6월과 11월) 극장이 들끓고 있다는 느낌을 받았습니다. 여배우의 입에서 '보지'에 해당하는 단어가 튀어나올 때마다 관객들은 불편하면서도 동시에 해방되는 듯한 웃음을 쏟아냈습니다. 아랍어에서 보지를 뜻하는 단어는 굉장히 외설스럽고 천박한 것이어서 주로 욕으로나 사용되지요. 정말

입니다! 사람들이 그러더군요. 찬물 샤워를 한 듯 정신이 번쩍 드는 기분이었다고. 딸들과 함께 연극을 보러 온 한 신사는 아주 중요한 점을 깨달을 수 있는 계기가 되었다고 고백했습니다.

이 연극은 유년에서부터 성인이 되기까지 모로코 여성들의 역사를 되짚습니다. 가정에서 또 교육 현장에서 여성의 섹슈얼리티가 얼마나 사라지고 부정되는지 보여주죠. 만일 여성이 자기 성기, 자기 섹슈얼리티에 대해 이야기한다면 뺨을 맞을걸요. 어쨌든 여성의 성기에 부여된 어휘는 지극히 험한 것이어서 오히려 터부가 되거나 아예 언급조차 할 수 없는 대상이 되고 만 거지요.

보수 성향 아랍어 미디어는 우리 연극을 신랄하게 비난했습니다. PJD와 가까운 《앗타즈디드》 신문은 함부로 "이슬람 운동을 침해할 목적으로 선동과 방종"을 한다며 연극 팀 전체를 고소했어요. 나는 연극 속 인물을 연기한다는 것 자체가 진정한 도전이었을 배우들을 존경했습니다. 연극은 물론 논쟁을 불러일으켰고요. 섹스는 누구나 하고 누구나 입에 담는 것임에도 작품의 주제로 삼는 순간, 다시 말해 '공적인' 주제로 돌려놓는 순간 사람들은 귀에 딱지가 앉게 들어온 그 '관례'를 들먹이며 반발합니다.

이 작품 속에서 배우 중 한 사람이 이렇게 말하죠.

"내 보지를 나는 어디든 데리고 다니지. 내 방, 목욕탕, 시장, 어디든, 심지어, 사원에도 같이 가."

"나는 다리를 조여. 왜냐하면 아무도 그걸 봐선 안 되니까. 아무도, 내 다리 사이에 보지가 있다는 걸 알아채선 안 돼."

이런 말도 해요.

"사람들 말을 듣다 보면, 우리의 보지가 불행 덩어리로 여겨져. 어딘가에 가둬둬야 할 것 같지. 감금했다가 결혼식 날에만 풀어줘야 할까 봐."

아랍의 봄 시기에 진정한 언론의 자유가 허락되었어요. 새로운 민주적 운동의 물결 속에 위치한다고 볼 수도 있는 2월 20일 운동은 그 점에서 아주 중요했죠. 연극을 무대에 올린 건 바로 그 시점이었고, 사실 그 덕을 많이 봤어요. 사람들, 특히 젊은 층들이 사물들을 그것의 본래 명칭으로 부르고 위선에 반격하는 욕망을 품게 된 시기였죠.

어떤 특정한 사회 모델을 여기서 구하지는 않겠어요. 내가 원하는 모든 것은 선택의 여지를 갖는 거예요. 지금처럼 임시방편의 균형 속에서 살다 보면 편집광이 되죠. 선이, 악이 어디 있는지, 무엇인지 알 수 없고 스스로의 생각과 반응을 두려워하게 되는 거예요. 나에게 연극 「버자이너 모놀로그」 작업은 무엇보다 여성들에게 성찰의 시간을 갖게 하고 그녀들이 갇힌 조건들로부터 빠져나오도록 돕는 수단이었어요. 자신의 몸에 대한 소유권을 되찾는 일은 언어, 단어 작업으로 이루어지기도 하지요. 언어는 우리 문화가 얼마나 마초적인지 반영해주는 거울이니까요. 참, 이 연극의 제목은 「디알리」예요, '나의 것' 또는 '이건 내 거야!'라는 뜻이죠.

압데사마드 디알미
: 쉿, 우리가 사랑을 나누고 있어

2015년 6월 라바트에서 디알미 교수를 만났다. 이 사회
학자의 연구 주제가 섹슈얼리티였다. 그는 이 분야의 개척
자로 알려져 있었다.

섹슈얼리티는 모로코에서 아주 불편한 주제입니다. 성
생활에 대해 한 사회가 법률을 정하는 방식은 세 가지로
구분할 수 있습니다. 첫째는 규칙과 성생활 사이의 일치
입니다. 실제 생활은 종교라는 규칙에 따라 매우 제한됩니
다. 부부 사이의 성만 존재하는 거죠. 모로코의 경우는 두
번째 단계에 해당하는데요, 규칙들은 계속해서 종교적이

며 보수주의 색채를 띠는 반면 실제 생활은 거기서 점점 멀어지는 거죠. 실제는 인정받지 못한 채로 세속화됩니다. 실제가 규칙에 앞서는 거죠. 모로코는 전환기에 놓여 있습니다. 이러한 분화 상태에 대해 모로코 사람들 역시 인지하고 있으므로 위선이라고 말해도 좋겠네요.

이슬람교도들은 사회 이론의 소유자입니다. 그들 눈에 모로코인들의 성생활은 이탈이며 옳은 길로 데려와야 하는 것으로 보입니다. 마치 우리가 성적 아노미 상태, 좌표도 가치척도도 잃어버린 상태를 살고 있다고 생각하죠. '정의와 선행의 이슬람교회' 소속인 아들 왈 히산은 총체적 암흑과 무지, 그리고 퇴폐가 성행하던 이슬람교 이전의 시대, 자힐리아[22]로의 퇴행이라고까지 말합니다. 이슬람교도들에게 이슬람은 섹스에 대해 개념적으로나 도덕적으로 개혁되어서는 안 되는 것입니다. 법률은 언제나 옳으며, 완벽하지 않으므로 개선이 필요한 존재는 바로 이슬람교도들인 거죠.

분명, 이러한 "성적 전환기"는 도시의 상류 사회에서 더쉽게 목격됩니다. 어떤 면에서 우리는 여성들이 이를 더

---

22) 무지.

활용한다고 말할 수도 있습니다. 그들의 생활은 성적인 면에서 남성보다 더 앞서 있으니까요. 남성들의 경우 단 한 번도 억압받아본 적이 없습니다. 1926년까지 젊은 미혼 무슬림 남성은 성노예를 소유할 권리가 있었으니까요! 남성이 혼전 성관계를 갖는 것은 나쁘지만 용인되는 부분입니다. 젊은 여성이라면 치료가 불가능할 정도로 처벌을 받지요.

이 같은 여성들의 성적 혁명이 얻어낸 것들 중 하나는 처녀성과 처녀막을 지키는 것 사이의 구분입니다. 종교적 입장에서 처녀성은 결혼 전 그 어떤 성관계도 금지하는 것을 뜻합니다. 하지만 1960년대 말부터 젊은 여성들은 성에 대한 태도를 바꿔 나가기 시작하지요. 1975년에 카사블랑카에서 설문조사를 한 적이 있었는데, 그때 한 여고생이 나에게 말하더군요.

"겉으로만, 그러니까 삽입을 하지 않고 섹스하는 것, 그게 내 욕망과 금기 사이의 조절이에요."

일종의 타협인 거죠. 이 여학생은 처녀막을 지켜내면서 신의 기분을 거스르지 않고, 동시에 자기 스스로도 죄책감을 더는 거죠. 보건부의 최근 설문조사에 따르면 15세에서 24세 사이 젊은이들 중 56퍼센트가 삽입 없는 섹스를 하며, 25퍼센트는 삽입 섹스를 합니다.

이 젊은이들에게 삽입 없는 섹스는 여전히 죄악이긴 하나 가벼운 죄악인 겁니다. 이렇게 죄악의 분리가 만들어집니다. 반대로, 삽입 섹스는 죄악 중에서도 큰 죄악이죠. 이 처녀막은 어떤 면에서 여성 몸에서 가장 중요한 부분이라 할 수 있으니 침공 불가능한 요새와 같이 지켜내야 하는 거죠. 하지만 이건 동시에 젊은 여성의 가치를 평가하게 하는 자산이기도 합니다. 가난한 계층에서는 어린 소녀들에게 이것 말고는 다른 자산이 없다는 얘기지요. 비유적으로 말하자면, 몸은 자산을 잃어버리자마자 추락하는 나라와 같다고 할까요. 소녀들이 처녀막을 잃어버린다면 전부 다 잃는 거죠. 모로코 남자는 여성의 몸이 처녀성을 간직한 채로 유지되어야 한다고 믿는 경향이 있어요. 참, 코란 학교에서 다루는 텍스트에 「법률의 의사들」이란 것이 있습니다. "여성이 애인과 붙어 있는 걸 보지 않으려면 결혼은 처녀와 하라." 여성들은 불행히도 이러한 명령에 복종하며 처녀막 재생 수술을 하고 항문 삽입을 받아들입니다. 결국, 형벌 집행관과 희생자는 같은 논리의 죄수이며 그렇게 유지되는 것이지요.

이슬람은 두 가지 해결 방안을 제시합니다.

혼전 순결 유지, 아니면 사춘기가 시작되자마자 결혼식을 올리게 하는 조혼이 그것입니다. 현재, 이 두 가지 방안은 비현실적이며 실현 불가능한 것이 되었습니다. 그 누구도 젊은이들에게 결혼할 나이가 되기 전까지 성숙을 미루라고 강요할 수는 없죠. 하물며 남자들의 경우 평균 결혼 나이가 31세인 판국에! 섹스할 공간을 찾아내는 묘안들이 바로 여기서 생겨납니다. 자동차 안, 계단 아래, 테라스, 해변, 숲속 등을 찾아다니는 거죠. 또한 섹스를 위한 기막힌 방법들 역시 만들어냅니다. 처녀막을 지켜야 하니까요. 따라서 이러한 섹슈얼리티는 숱한 위험을 동반합니다. 사회적이며 위생적인 위험이 있고, 임신, 처녀막 상실에 대한 위험, 경찰의 눈에 뜨일 위험, 그리고 물론 폭력의 위험 역시 외면할 수 없습니다. 그럼에도 국가가 마지못해 신경 쓰는 위험은 오직 한 가지, 에이즈의 위험뿐입니다. 이 위험의 관리를 국가는 단체에 위임해버리는데, 가장 피해를 보는 사람이 이미 불법적으로 살고 있는 동성애자와 매춘 여성들이기 때문입니다.

사회는 눈을 감습니다. "숨어서 해요. 처녀막을 지키고 스캔들을 만들지 맙시다." 발각되기 무섭게 우리는 그들을 처단합니다. 꼭꼭 숨어 있는 한 관용의 혜택을 입을 수 있죠. 이런 슬로건으로 정리해봅니다. "숨죽여 섹스하라." 젊은이들의 섹슈얼리티는 이렇게 도둑맞습니다. 그런데, 도둑맞은 것은 비루합니다. 공포와 두려움을 느끼는 한, 죄의식을 느끼는 한 우리는 떳떳할 수가 없죠. 그게 바로 "성적 빈곤"인 것입니다.

페미니즘 운동은 섹슈얼리티의 문제에 게으름을 피웁니다. 그들은 신임을 잃을까, 명성을 더럽힐까 봐 두려워하죠. 정치 당파처럼요. 모든 힘과 노력은 침묵하거나 침묵하게 하는 데에만 집중됩니다. 진보주의자들과 이야기할 때 전통에 집착하는 여론을 의식한 나머지 너무 빨리, 너무 멀리 가선 안 된다고 단언하는 이들이 몇 명이나 될까요? 전통은 여성들을 구속합니다. 불행히도, 시민들은 이 주제를 아직 바꾸어내지 못합니다. 몇 년 전 좌파 USFP(사회주의 연합당)의 리더가 이렇게 말한 적 있지요. 난봉질과 섹스를 규제해야 하는 것은 다름 아닌 국가라고. 그럼에도 좌파 정치인으로부터 이토록 보수적인 어휘를 듣는 건 어쩐지 서글픈 일입니다!

소수이긴 해도 어딘가에서 일어나고 있는 단결의 음성이 없는 건 아니에요. 나 스스로만 해도 소외된 사람이며 내 책을 출판할 때마다 어려움을 겪는 사람이며 욕설을 듣고 협박을 듣는 사람입니다. 사람들은 건강한 성만을, 그 것도 희미하고 불투명한 방식으로 요구합니다. 하지만 실제로 혼외 성관계를 합법화하는 문제에는 도전조차 하지 않아요. 무엇보다 먼저 섹슈얼리티 권리를 요구해야 한단 말입니다! 이 법이 승인되면, 성교육을 진행할 수 있고, 더 민감한 프로그램을 실현할 수 있을 것입니다. 실제 모습이 어떠한지 받아들이는 사람은 매우 적습니다. 모두가 자신에 대해서 그럴싸한 이미지를 주고 싶어 하지요. 지극히 선택적인 방식으로만 적용될 뿐인 이 법률들을 우선 수정해야 합니다. 심지어 섹스 업종의 경우, 경찰들은 젤라바를 입고도 매춘을 하지 않으면 안 되는 처지의 빈곤층 매춘부들을 단속하고 있어요. 돈과 상식이 있는 자들에겐 그 어떤 위험도 닥치지 않습니다. 사람들 생각과는 반대로 성적 빈곤이 2011년 아랍의 봄을 낳은 원인 중 하나였다는 데 나는 동의하지 않습니다. 그러나, 이 빈곤이 절망감을 낳는 것만은 너무나 자명한 사실입니다. 성적 모더니티란 대도시의 대중에게는 언감생심이니까요. 가질 수 없으므로 여성의 몸을 전체주의적 방식으로 통제하고 싶어 하는 것이지요. 여성의 몸은 이렇게 끝없이 감시당하고 처벌받습니다.

디알미는 라퐁텐 우화의 한 구절을 들려주며 대화를 마무리했다. 그의 소견을 더할 나위 없이 분명하게 반영하는 우화였다.

누군가는 허풍선이라고 부르고,
누군가는 떠돌이라고 부르는 여우가 있었습니다.
배가 너무 고픈 여우가 덩굴 위를 올려다보니,
먹음직스럽게 잘 익은 포도가
진홍빛 살결을 뽐내고 있었습니다.
입에 침이 고인 여우는 포도가 먹고 싶어졌습니다.
하지만 아무리 생각해도 손에 닿질 않을 것 같자,
여우는 이렇게 말했습니다.
"포도알이 너무 초록색이네. 먹어봤자 맛도 없을 거야!"
포도를 탓하는 게 과연 잘하는 일일까요?

림
: 요리하기, 아이 낳기,
그리고 남편 잘 섬기기

　림을 만난 건 2014년 11월 카사블랑카. 내 소설에 대한 문학 카페가 열리던 곳에서였다. 반짝이는 이 여성에게 나는 흠뻑 빠졌다. 반년 뒤 그녀에게 다시 연락하여 내 프로젝트에 대해 들려주었다. 그녀는 즉시 동참하겠노라는 답을 보내왔다.

　모로코의 섹슈얼리티는 병들었어요. 모로코 남성은 여성과의 관계에서 많은 문제가 있고, 그로 인해 수많은 폭력과 불균형이 생겨나죠. 나이 들며, 책을 읽으며, 영화를 보면서 여성들은 남편과의 관계가 정상이 아니라는 걸 깨닫게 돼요. 나 같은 경우는 열여덟 살이 될 때까지 아무것도 모르는 상태였어요. 순수와 순박 그 자체였죠. 성교육 같은 건 받아본 적도 없고요. 성이란 금기보다 더한 것, 존재하지도 않는 것이었죠.

첫 남편은 폭력적인 데다 사이코였어요. 부모님께 배운 대로 두 언니와 나는 결혼하기 전까지 처녀성을 간직했어요. 순결은 의무였죠. 결혼식 날 저녁, 아무 일도 일어나지 않았어요. 다음 날 부모님께 얘기했죠. "남편이 털끝 하나 안 건드렸어요." 하지만 부모님은 남편 편만 들더라고요. 그렇게 몇 달이 흘렀어요. 부모님 말은 내가 남편을 보살펴야 한다는 거예요. 그렇게 얼마쯤 시간이 지나니까 또 이렇게 말하더군요. 그런 건 부부 생활에서 전혀 중요한 게 아니라고. 그러곤 몇 번이고 이렇게 말했어요. "그게 너를 위한 신의 뜻이란다."

그 시절, 난 영화관에 드나들고 책을 읽기 시작했어요. 점차 이건 아니라는 생각이 들고 더 이상 참고 살 수만은 없다고 생각하게 되었죠. 결국 성관계를 맺긴 했는데, 아주 짧고 쾌락과는 거리가 멀어도 한참 먼 관계였어요. 그렇게 아이 셋을 낳았고, 부부 관계는 말 그대로 지옥이었어요. 남편은 날 두들겨 패고 걸핏하면 모욕을 주었죠. 거기서 빠져나올 방법을 몰랐어요. 당시엔 가족법이 개정되지 않아서 집을 나왔다가는 아이들을 빼앗길 거라는 걸 알고 있었죠. 결국 집을 뛰쳐나와 친정 부모님 댁에서 지내게 되었는데, 그것도 견디기 쉽지 않은 일이었죠. 부모님은 나를 지지해주긴커녕 오히려 몰아붙였어요. 왜 집을 나왔느냐고 야단이었죠. 내가 이혼하는 게 수치스러웠던 거예요. 남편이 때린 줄 다 알면서도, 얼굴이며 온몸뚱이에 시퍼렇게 멍이 든 걸 보면서도 오히려 나에게 거짓말하지 말라고 했죠. 그렇게 딱 이틀만 머물게 하고는 다시 나를 집으로 보냈어요. 우리 아이들과 함께 정말 고통스러운 시간을 보냈죠. 아이들을 만나러 학교로 가기도 했고, 아이들과 연락을 하고 싶어 안 해본 일이 없었어요. 떠나지 않으면 죽는다는 심정으로 집을 나왔죠.

두 번째 결혼도 좋았던 건 아니에요. 남편은 폭력적이고 알코올중독이었죠. 걸핏하면 나를 강간했어요. 우리 집으로 매춘부들을 데리고 와선 이러더라고요. "운 좋은 줄 알아. 세 여자랑 동시에 결혼할 수도 있었어. 다른 여자들하고 가끔 같이 잘 뿐, 다른 여자랑 결혼하면서 너에게 치욕을 준 것도 아니잖아. 오히려 감사해야지."

두 번째 결혼 생활은 모험 그 자체였죠. 섹스를 하면서

난생 처음으로 알게 됐어요. 내가 끔찍한 상황에서 살았다는 걸. 첫 남편에게 성의학자한테 상담을 받아보자고 제안한 적도 있었어요. 하지만 그 남자는 제정신이 아니었는지 계속 "내가 이렇게 된 게 다 너 때문이다."라고만 했죠. 재혼했을 때 부모님이 내게 이런 말을 하더군요. "결혼하기 전에 그놈이랑 자봐. 안 그러면 또 불평할 거 아니냐."

그래서 그렇게 했죠. 그런데 말이죠. 비교를 할 게 없었어요. 뭘 알아야지 비교를 하죠. 정상으로 보였던 그 남자가 사실은 성불구자나 다름없었으니까요.

서른여덟 살에 두 번째 이혼을 했어요. 그리고 아주 오랫동안 나 자신에 대해 돌아보게 되었는데, 마침내 깨달은 건 부모님에 대한 거예요. 물론 사랑스럽고 고마운 부모님이었지만, 나는 어쩌면 그들이 품은 믿음의 희생양이었던 것 같아요. 그리고 그런 남자들과 결혼했던 게 우연이 아니라는 것도요. 아이들에게는 완전 반대로 해요. 뭐든 다 얘기해주죠. 딸에게는 절대로 처녀막 숭배를 가르치지 않아요. 산부인과에 내가 직접 데리고 가서 피임약을 처방해주었죠. 폭력이나 성추행으로부터 스스로를 지키는 법을 알려주고 싶었거든요.

나는 비교적 유복한 계층에 속하긴 해도 그렇다고 학식

과 교양이 있는 집안 출신은 아니에요. 부모님은 딸들을 교육시킬 생각이 없었어요. 열여덟 살이 되면 결혼을 해야 했어요. 거기에는 한마디도 토를 달 수 없었죠. "요리하고, 애들 낳고, 남편 잘 섬기고!" 부모님이 알려준 건 이게 다예요. 내 생활이 평탄하지 않자 이젠 이렇게 말했죠. "네 팔자가 그런 걸 어쩌냐." 아니면, "뭔가 너한테 문제가 있는 거다." 마흔 살이 되어서야 심리학 공부를 다시 시작했고 벌써 10년 가까이 단 한 번도 공부를 멈춘 적이 없어요.

지금은 테라피스트가 되어 수많은 여성들을 만나요. 모로코 여성들의 인내심이라는 건 어쩌면 어리석음의 다른 모습이 아닐까 하고 생각할 때도 있죠. 결코 받아들여선 안 되는 것을 묵묵히 받아들이니까요. 그 여성들이 들려주는 사연들에 비하면 내가 살면서 겪은 일들은 아무것도 아니에요. 남편처럼 아버지들 역시 폭력을 달고 살죠. 어린 여자애들은 걸핏하면 모욕을 당하고 굴종을 강요당하며 남자 형제들에 비해 하찮은 존재로 취급받죠. 이런 환경에선 행복한 부부 생활을 준비할 수가 없어요. 부부 생활에 어려움을 겪는 어머니들은 갈등을 아이들에게 풀어요. 남편 대신 아들을 우상화하는 거죠. 가령 내 경우 네 살 어린 남동생이 있었는데 나에게 그 앨 '시디'라고 부르게 했답니다. '선생님'이라는 뜻이에요. 나는 어머니들이 아들을 기르는 방식에 대해 언제나 의문을 품고 있어요. 여자에 대해 어떤 가치, 어떤 시각을 전해주는 걸까요. 이 나라에선 어머니의 지위나 형상에 대해 말하는 것 자체가 엄격한 금기 사항이에요. 하지만 어머니가 느끼는 절망감을 아이들에게 이어주는 데 대해, 그래서는 안 된다고 발언하는 건 아주아주 중요한 일이라고 나는 생각해요.

친구들과 함께 있을 때 우리는 섹스에 대해 자주 얘기하죠. 부모님들이 우리를 철저하게 가두어둔 침묵을 이제 우리가 깨뜨리고 있어요. 이건 위대한 깨달음이자 멋진 일이죠! 더군다나 친구들은 하나같이 똑같은 말을 하죠. 모로코 남자들은 전희를 모른다고요. 자기 욕구만 채우기 바쁘거든요. 그러고 나면 일어나서 샤워하고, 끝! 로맨스도, 주고받는 것도, 섬세함도 없어요. 이러니 섹스를 하고 나면 많은 여성들은 강간당한 기분이 드는 거예요.

내 딸 역시 악몽을 겪었어요. 첫 번째 사위는 딸에게 갇혀 살라고, 100퍼센트 가정주부로 살라고 강요했죠. 아기를 가진 채로 이혼했어요. 만일 딸이 오늘 재혼을 한다면 법에 따라 자동으로 양육권을 빼앗겨요. 어떻게 보면 여자들은 새 출발을 할 수 없고 해서도 안 된다는 말이겠

죠. 여성들에게 권리가 주어진 지금은 이혼율이 어마어마
하게 높아졌어요. 여성들은 이제 다른 삶이 가능해졌다는
걸, 예전처럼 갇혀 있지 않다는 걸 스스로도 잘 알게 되었
어요. 동거가 허락되지 않기 때문에 서로 알지도 못하면서
결혼하는 실태. 여긴 특히 나쁜 결과가 기다리고 있죠. 행
복하게 사는 커플들은 지극히 드뭅니다.

　그럼에도 나는 낙관적이에요. 여기저기 곪은 부분들을
도려내는 중이지요. 전에는 입도 뻥긋할 수 없던 부분이
니까요. 여성들은 이제 권리를 스스로 주장하지, 누군가가
가져다주길 기다리지 않아요. 나는 이혼하고 나서 5년 동
안 동거를 했고, 그로 인해 문제를 겪은 적은 한번도 없었
어요. 부모님은 여전히 인정하지 않았지만 나는 내가 원하
는 방향으로 살게 된 게 더할 나위 없이 기뻤죠. 직업이 없
고, 경제적으로 의지해야만 하는 여성들의 경우는 때로 아
주 고통스러운 상황들을 감내해야만 하죠. 나의 경우는 돈
많은 아버지를 두었어요. 내가 살아남을 수 있었던 건 바
로 그 덕분인지도 모르죠.

사나 엘 아지
: 신을 두려워하지 마,
두려운 건 타인의 시선이야

사나 엘 아지는 명민한 저널리스트이자 컬럼니스트
이다. 《니한》[23]에서 근무했으며, 자유주의자이자 호기
심 넘치는 젊은 여성에 대한 유명한 시평 「바툴」을 썼다.
2015년 6월 나는 그녀를 만난다.

섹슈얼리티와 종교에 대해서만 글을 쓴다고 나무라는
사람들이 있어요. 사실, 나는 모로코인과 종교의 관계, 종
교 담론과 실생활 사이의 간극, 다시 말해 개인의 자유에

---

23) 언론 그룹 텔켈에서 발행하는 시사 주간지.

대한 물음에 관해 씁니다. 모로코 사회가 이미 정치적 금기들은 넘어섰어요. 무슨 말이든 하고 싶은 대로 할 수 있게 되었죠. 두 가지 새로운 터부가 바로 종교와 섹슈얼리티인데, 그게 사람들을 히스테릭하게 만들죠.

이런 주제를 다룬 내 논문(「모로코의 혼전 섹슈얼리티: 실태, 언어적 표출, 실제와 젠더화된 사회」)에서 모로코 전역에서 대상을 찾아 면담을 했고, "난 아무것도 안 했어요."라고 말하는 사람은 단 한 번도 만난 적 없다고 말씀드릴 수 있어요. 젊은 남자들은 절대 다수가 처녀성을 가진 여자를 만나고 싶어 해요. 그렇지 않은 여성과 사랑에 빠지면, 어떤 이들은 이렇게 말하죠. "용서할 수 있어요. 그녀를 위해서라면 다른 곳으로 이사 갈 수도 있어요." 그들에게 처녀성을 간직하지 않은 여성이란 매춘부이거나 성폭력을 당했거나, 어쨌든 피해자인 거죠. 남자들은 여성이 한 인간으로서 자신들의 삶을 누릴 수 있었다는 사실을 받아들이지 못해요. 젊은 여성들의 경우는, 동정남은 질색하죠. 내 논문 한 챕터는 바로 이런 부분을 이야기하고 있어요. 여성이냐 남성이냐에 따라 순결의 가치는 이렇게 달라지는 거죠.

사람들은 사회적 금기 사항들에 동화되어 저마다의 방

식으로 적응하죠. 젊은 여성들은 처녀성 앞에서 바짝 움츠러들어요. 남성과 첫 경험을 할 때 잔뜩 긴장해서 꿈쩍도 못 하죠. "이런 걸 어디서 배웠어?"라고 질책하는 남성 파트너와의 끔찍한 경험을 겪어본 사람이 한둘이 아니에요. 그래서 여성들은 처녀막을 안 건드리는 다른 방법을 찾는 거죠. 항문 섹스, 오럴 등에서. 여기서도 처녀성은 정신적 순결함이 아니라 처녀막이라는 겉모습으로 정의되고 있어요.

확실히 나로 인해 불편해지는 사람들이 있겠죠. 하지만 고맙다, 나는 그렇게 말할 용기가 없었다고 말하는 분들도 많아요. 내가 놀라는 부분은 이성 관계든 동성 관계든 섹슈얼리티와 관계되면 섬세함이 완전히 사라진다는 데 있어요. 많은 남성들에게는(간혹 여성들도 마찬가지인데) 정조를 지키는 여성과 매춘부만 존재할 뿐 그 중간이 없어요. 처녀성에 대해서만 해도 그렇죠. 처녀성이 젊은 여성의 가치를 평가하는 기준이 될 수 없다고 말하면 모든 여성들을 창녀로 만들 생각이냐는 비난이 돌아오죠. 그럼에도 내가 쓴 기사 중 그 어떤 것도 잘리지 않았다는 데 감사하고 있어요. 덕분에 자칫 극단적으로 보일 수 있는 생각마저도 전달할 수 있었던 거죠. 나 스스로도 검열하지 않을뿐더러 누군가로부터 검열을 당해본 적도 없어요.

　나는 중산층 가정 출신이에요. 서민들이 모여 사는 동네에서 자랐고, 비교적 보수적인 교육을 받았어요. 부모님은 아주 독실한 이슬람교 신자였고요. 전통에 매우 집착하긴 했으나 심하게 보수적이지는 않았어요. 첫 성관계, 결혼, 출산과 양육…… 이런 것들을 전부 스물여섯 살에 겪었는데 우리 세대에선 굉장히 드문 케이스죠. 내가 받은 교육에서 그것이 어떤 위치를 차지하는지 가늠해보지 않고 마음 가는 대로 했죠. 지금은 그때의 그 선택이 내가 갖는 개인적 만족감과 성숙함에 긍정적인 영향을 주었다고 생각하고 있어요. 무엇이 이런 나의 자유를 만들어주었는지 나도 몰라요. 물론 독서가 세상을 향해 열린 눈과 마음을 준 것은 맞죠. 각종 과외 활동을 경험할 수 있었던 공립 고등학교를 다닌 것도 행운이었고요. 어떤 결정적인 순간이 있었다는 기억은 없어요. 난 천성이 반항적이었죠. 나에게 맞지 않는 일에 대해서는 과감히 아니라고 말했어요. 어떤 주제든 말하지 못할 건 없었어요. 때로는 공격하는 입장이기도 했죠. 때로 이런 나 자신을 지켜내기 위해 오히려 도발을 하기도 했고요. 무의식적으로 자기방어 메커니즘을 개발해야 하는 처지에서 살았구나 하는 생각이 들어요. 먼저 공격을 하면 남들이 날 공격하기 전에 다시 한 번 쳐다 보겠지 하는! 난 내가 원하는 삶, 나 자신과 닮은 삶을 살아요. 겉돌기식 대화나 외모 뒤로 숨지 않아요. 나에게 가장 중요한 것은 스스로에게 솔직해지는 거니까요. 내가 생각하는 것과 일치하는 사람이 되는 것.

10남매 중 딸로서는 처음으로 바칼로레아를 쳤죠. 부모님은 힘들었던 시기를 기억하고, 때로 우리가 가진 자유나 우리가 하는 말들에 대해 염려도 하죠. 하지만 어느 날엔가, 아버지가 그러더라고요. "나는 네가 자랑스럽구나." 이 말, 절대 잊지 못할 거예요.

누구에게나 성생활이 있다는 걸 증명해준 건 바로 현장이에요. '어떻게'가 다를 뿐이죠. 흥미로운 건 말과 현실의 차이를 젊은이들이 어떻게 살아나가는가, 각종 제약과 규제를 피하며 살아가는 방법을 관찰하는 거죠. 어떤 젊은이는 매춘부를 만나러 가기 전에 반드시 자위를 한다는 이야기를 들려주기도 해요. 그렇게 하면 조루를 피할 수 있으니까요. 때로 젊은 남자들 사이에선 자위 실력 겨루기가 벌어지기도 한다죠. 예를 들어 영화관은 섹스의 장소예요. 탕헤르에서 이런 믿기 어려운 이야기를 들은 적이 있어요. 화물칸에서 두 사람이 사랑을 나눌 수 있도록 계속 운행해

주는 트럭이 있다더군요. 섹슈얼리티를 위한 공간을 고안해내는 데는 이처럼 기막힌 유머와 창의성이 동원되죠. 마찬가지로 '그것에 대해 말하는 방법' 즉 일반적으로는 매우 노골적이며 지극히 폭력적인 섹스의 언어에 대해서도 나는 무척 관심이 많아요. 여성이 욕을 하면 사람들은 충격을 받죠. 반면 거리에선 우리를 향해 믿기 어려울 정도로 원색적인 욕을 내뱉는 남자들을 만나요.

모로코 배우 사나 아크루드가 나오는 이집트 영화가 떠오르는데요. 그녀가 혈흔이 묻고 흐트러진 침대를 떠나는 장면이 있어요. 그 장면이 모로코에서는 스캔들을 일으켰어요. 사람들은 이 배우가 모로코인들에게 치욕을 안겼다고 말했어요. 만일 남자 배우였더라면 아무 문제도 없었겠죠! 하지만, 모로코 남자들은 '자국 여자들'의 행실에 병적으로 집착해요. 여성 보기를 우리 사회 미덕과 정체성의 표상으로 보는 거죠.

어렸을 때 우리는 생리라든가 우리 몸에 대한 얘기를 해본 적이 없어요. 그래서인지 처음 생리혈을 보고 자기가 처녀성을 잃은 줄 아는 아이들이 셀 수 없이 많아요. 남자아이들에게 성교육은 남성성 경쟁으로 정리되죠. 그들은 이거 해봤다 저거 해봤다 거들먹거리기 바빠요. 바로 이게 그들의 관점을 완전히 흩뜨리는 것 같아요. 성교육을 실시하는 나라일수록 성교육이 전무한 나라에 비해 첫 경험이 늦어진다는 연구 자료를 읽었어요. 비밀이나 금지가 결국은 그것을 찾는 이들에겐 역효과를 만들어낸다는 얘기죠. 감추고 쉬쉬하는 것이 오히려 파헤치고 싶은 욕구를 부추기는 거예요.

카사블랑카나 다른 큰 도시에서는 독립적인 젊은 여성들이 그들의 섹슈얼리티를 자기 것으로 보장받아요. 거짓 순수함 속에 감추지 않고 섹슈얼리티에 대해 직접적으로 말하죠. 하지만 절대 다수는 여전히 껍질뿐인 관계, 삽입이 없는 관계예요. 많은 여성들이 처녀막 재생 수술을 받으며 가부장 중심 사회가 요구하는 체제로 편입하고 말죠. 이 여성들은 끝없이 거짓말과 위선을 반복해가며 성행위를 받아들이는 데 어려움을 겪고 있어요. 수많은 여성들이 이런 말을 하죠. "그가 결혼을 약속했기 때문에 관계를 가졌어요." 하지만 말이죠, 남성들은 성관계를 허락한 여성과 결혼하는 걸 '특히' 싫어해요.

이 싸움에서 우리의 적은 남성들이 아니에요. 그들 역시 불편함과 모호함으로 고통받죠. 그들 역시 여성들과의 관계가 좀 더 단순해지길 바라는 마음이 없지 않죠. 여성들 역시 육체와 금전적 관계를 맺고 있다고 말할 수 없는 건 아니에요. 많은 여성들에게 남편은 무엇보다 사회적 진출의 상징이에요. 결혼의 대가로 남성들은 신부의 집에 지참금을 지불하죠. 에르췸이란 제도가 있잖아요. 약혼도 하기 전 미래의 아내를 '예약'해두기 위해 건네는 일종의 선물인 거죠. 충격적일 수도 있겠지만 언젠가 한 라디오 방송에서 이 제도를 우리가 소를 예약할 때 찍는 낙인에 비유한 적이 있어요. '이건 내 거다.'라는 의미죠. 여성 의사들이나 기업 중역 여성들 중에서도 어떤 선물을 받았느냐로 자신에게 가치를 부여하는 경우를 본 적이 있어요. 어떤 면에서 그들의 결혼은 제도화된 매춘이라고 볼 수 있죠. 남성은 돈을, 때로 아주 많은 액수를 지불함으로써 한 여성에 대한 '소유권'을 가져요. 남성이 내는 돈이 많을수록 여성의 가치가 높아지죠. 수많은 여성들이 모더니즘을 바라지만, 동시에 남편이 돈을 벌어 자신을 돌봐주길 원해요. 그런 면에서 진정한 '모더니즘'을 확인시키는 여성은 극히 드물다고 할 수 있죠. 이러한 모순들은 너무나 많고 이성을 바탕으로 한 정직성은 터무니없이 결핍된 상태라고 할까요. 한편으론 다른 분야와 마찬가지로 사람들에게 끔찍할 수준으로 일관성이 결여되어 있어요. 모더니즘을 대수롭지 않은 것으로 축소해버리는 거죠.

언젠가 성추행을 주제로 텔레비전 방송에 출현한 적이 있어요. 추행 가해 남성들에게 내가 이렇게 말했죠. "본능을 조절할 수 없다면 당신들은 짐승과 다름없습니다." 그날 저녁 집에 들어오자마자 상황이 걷잡을 수 없더군요. 페이스북 페이지에 각종 공격과 욕설이 흘러넘쳤죠. 사람들은 나를 매춘부로 취급하고 입에 담기 힘든 욕을 쏟아냈어요. '네가 감히 성적 자유를 옹호하면서 추행에는 반대할 수 있느냐?'라는 게 요지였어요. 이 두 가지가 절대적으로 다른 문제라는 데엔 눈을 감고 싶은 거겠죠. 또 한번은, 개인의 자유를 주제로 나를 인터뷰하던 기자가 불쑥 이런 질문을 던진 적도 있었어요. "포르노 영화와 아동 성 학대에 대한 당신의 입장은 어떤 것입니까?" 마치 개인의 자유를 옹호하는 게 포르노를 좋아하고 소아성애를 선호하는 것과 동의어라는 듯이 말이죠.

사람들은 개인의 권리와 자유에 대해서 믿을 수 없을 정도로 혼돈하고 있어요. 동성애를 옹호하면, 모든 모로코인들을 동성애자로 만든다거나 미풍양속을 해치는 사람으로 오해받죠. 사회는 그저 당신이 한 '잘못'을 다른 사람들에게 알리지 말라고만 해요. 늘 하는 말이 이렇게 단순한 얘기죠. "신을 두려워할 것 없다, 너 자신의 가치 역시 개의치 마라. 다만 타인의 시선을 두려워해라. 남의 비위를 거스르지 마라." 이게 다예요.

무나
: 모로코에서는 동성애자가 될 수도,
진정으로 행복할 수도 없어요

    몇 년 전 알게 된 무나는 자신이 동성애자임을 숨기지 않았다. 무나는 모로코에서 자신이 맺는 관계에 대해 나에게 말해줄 기회가 있었다. 그러면서 몇 번인가 보수주의에, 그리고 개인의 사생활을 간섭하는 사회와 가정에 적대감을 표출했다. 2015년 겨울, 나는 무나에게 다시 연락해 인터뷰를 요청했다. 한참 고민한 뒤 그녀는 익명을 조건으로 내 부탁을 수락했다. 그러므로 무나라는 이름은 물론 가명이다.

    아버지는 선생님이었고, 어머니는 주부였어요. 두 분 다

좌파 성향으로 생각이 앞서가는 분들이죠. 생활은 중산층 정도였고 나는 내내 공립학교만 다녔어요. 성과 관련된 첫 기억은 내가 열두 살인가 열세 살 때 어머니가 나를 찾아 학교에 오던 날로 거슬러올라가요. 어머니가 그랬죠. "생리를 시작하면 새로운 몸이 되는 것과 마찬가지란다. 조심해야 해. 남자들이 널 보는 시선이 달라지거든. 넌 이제 꼬마 여자애가 아니라는 말이다." 1년 뒤, 이번에는 아버지가 나에게 물었어요. 피임이 뭘 줄 아느냐고. "어쩌면 어느 날엔가는 너도 사랑하는 사람을 만나고 새로운 경험을 하고 싶은 마음이 들 거다. 위험이 따르는 일이야."

부모님 두 분 모두 당신 자식의 성에 대해 최선의 방법을 고민한 거예요. 아버지는 좀 더 자유롭고 허심탄회한 방식으로 있는 그대로 말했죠.

학교에 가면 같은 반 친구들은 해가 지기 전에 집으로 돌아가야 했어요. 전부 집에서 엄격한 교육을 받았고, 친구 어머니들 대부분은 히잡을 썼어요. 여자애들은 보통 극도로 방어적인 생활을 했어요. 우리 아버지 같은 경우는 좀 더 자유를 주는 편이었고요. 처음으로 나이트클럽에 다녀오던 날 거기 데려다준 것도, 또 새벽 3시에 나를 데리러 온 것도 아버지였죠.

결국, 이 사회는 우리 부모님보다 훨씬 고지식했다고 봐야겠네요. 집에 있을 때 오히려 안전한 느낌이 들었죠. 고등학교 때였는데, 어느 날 교문 앞에서 학생 주임이 날 가로막고 학교에 못 들어가게 한 적이 있었어요. 그 선생 취향에 맞춰 '합당한' 방식으로 머리를 빗지 않았다는 이유로 말이에요. 이 나라가 여성들에게 호의적인 장소가 아니라는 건 나도 알고 있었어요. 나의 바람, 궁극적인 목적은 모로코를 떠나는 것이었어요.

처음으로 성욕을 느낀 건 열일곱 살 때였나 봐요. 책을 읽다가 에로틱한 장면이 나왔고 그게 뭔지도 모르면서 자위를 하기 시작했죠. 그리고 남자 친구와 데이트를 한 적도 있어요. 섹스를 하고 싶으냐고 물으니까 남자 친구는 아니라고 하더군요. 그래서 내가 오히려 남자 친구를 안심시키고, 아무것도 안 하겠다고 약속해야 했어요. 결국 내 방식대로 하긴 했지만요. 외국에 나갔을 때 정말 놀란 건 그곳의 젊은이들은 돈이나 외모에 대해 모로코 사람들보다 훨씬 덜 집착하고 의외로 간소하고 단순하게 살아간다는 거였어요.

스물다섯 살이 되고부터 어머니는 점점 나에게 부담을 주기 시작했죠. 어머니를 찾아와 딸을 시집보내지 않겠느냐 권하는 사람들이 늘어나면서 결혼은 넘어야 할 산이 되었죠. 어머니의 대답은 물론 "딸이 결정할 일이지."였지만요. 다른 많은 어머니들과 마찬가지로 우리 어머니 역시 대리권을 행사하고 있었어요. 나는 어머니가 평생 한 번도 누려본 적 없는 자유를 한껏 만끽하며 살고 있었고요. 이런 나를 바라보는 어머니는 어딘가 모호한 감정을 느끼는 것 같았어요. 딸에게 대리만족을 느끼기도 하면서 동시에 그런 내 모습에 슬쩍 화가 나기도 하는 그런 상황.

처음으로 한 여자와 사랑에 빠졌고, 그게 나의 첫사랑이었어요. 혼란 같은 건 전혀 없었어요. 지극히 자연스러운 일이었죠. 무척 자유분방한 외국 여자였고 나는 그녀를 무척 동경했어요. 가족 중 누구에게도 말하지 않은 비밀이지만 오직 남동생에게만 털어놓았죠. 동생은 무척 놀랐지만, 가타부타 말하진 않았어요. 어쨌든 이렇게 몇 년이 흘렀고 동생은 집요하게 나에게 묻더라고요. "그래서 결혼할 사람은 언제쯤 데려올 거야?" '사람'이라는 말이 남자를 가리킨다는 걸, 나의 동성애를 남동생은 그저 한때의 취향이나 젊은 시절의 객기로만 여기는구나 하는 걸 그때 느꼈죠.

나는 스스로를 '동성애자'로 정의하지 않아요. 사실 나에게는 정체성이라든가 젠더라든가 섹슈얼리티라는 게 없어요. 이런 분류 속에 스스로를 가둔다는 느낌을 가져본 적 자체가 없어요. 우리 속에 나를 가두는 것, 단 한 번도 그럴 필요를 느껴본 적이 없는 것 같아요.

동성애자라는 사실을 부모님께 말씀드리던 그날부터 내가 동성애자라고 느끼게 된 것 같아요. 숨기면서 어머니에게 계속 내가 결혼하고 손자 손녀를 보리라는 꿈을 꾸게 내버려두는 게 과연 의미 있는 일인가 생각하게 되었죠. 매일같이 어머니가 이렇게 물었거든요. "도대체, 마음에 드는 사람이 그렇게도 없어? 뭔가 정상은 아니지 않니. 어째서 남자들을 가까이하지 않는 거니?" 이제 정말 부담스러운 정도가 되었어요. 막 서른이 되었는데 더 이상 거짓말을 할 수도 없는 상황이었고요. 나의 폭탄 선언이 가져올 파장에 대해서는 손톱만큼도 생각해본 적 없어요. 어머니가 이미 알고 있고 다만 인정하지 않을 뿐이라고만 생각했던 거죠. 몇 년 전부터 나에게 친구란 온통 여자들뿐이라는 걸 어머니는 이미 보고 있었으니까요.

어머니가 받은 충격은 이루 말할 수 없었던 것 같아요. 기도를 하기 시작했는데, 그거 알아요? 어머니는 전에 한 번도 기도를 한 적이 없는 분이었어요. 신이 어머니에게

벌을 내린 거라고 했죠. 우리를 너무 자유롭게 기른 탓이라며 아버지를 원망하기 시작했고요. 그리고 외국으로 떠나겠다는 여동생을 극구 뜯어말렸어요. 외국이라는 곳은 이제 어머니에게 도덕이 썩고 퇴폐가 만연한 장소로 인식된 거예요. 이렇게 한 달이 지난 후엔 또 싹 달라지데요. 아주 온화해져서 나를 환자나 장애인쯤으로 대우했어요. 아마 나에게 심각한 문제가 찾아왔으니 그것을 어머니의 사랑으로, 그리고 정신과 상담을 통해 치유할 수 있다고 생각한 것 같아요. 내가 걸린 이 '병'을 의사가 고칠 수 있다고 굳게 믿은 거죠.

나는 투사가 아니에요. 다만 내 처지에서 바꿀 것을 바꾸려고 하는 거죠. 하지만 모로코에서는 동성애자로 사는 게 불가능하다는 걸 알아요. 여기서 알게 된 레즈비언들은 고통 속에 불행하게 살아요. 거짓말 속에서 사는 걸 당연하다고 여기면서요. 사생활이라든가 내밀함이라든가 하는 개념은 이 나라에서 존재할 수조차 없어요. 내가 누구와 데이트를 하는지, 누구와 결혼을 하는지, 내가 무엇을 하는지 사람들이 전부 알아야 하죠. 요즘 사람들은 동성애가 무엇인지 알고 세상이 어떻게 돌아가는지도 잘 알죠. 그런데 역설적으로 말예요, 나는 그게 오히려 사람들을 점점 더 난폭하게 만든다는 느낌을 받아요. 그런 건 '다른 사람들' 다시 말해 '유럽 사람들' 이야기지 우리에게는 해당 사항이 없다는 거죠. 그들에게 잘된 일일 뿐 우리 상황은 아니라는 얘기예요. 우리의 성이란 정체성을 지키고 종교적이어야 한다면서. 우리는 다른 부류인 거예요. 결국 이런 말을 듣고 말죠. "우리 나라에선 그렇게 하지 마. 다른 데로 나가 살아." 심지어 아버지도 그러더라고요. 그게 정말 내가 원하는 삶의 모델이라면 모로코를 떠나서 살아야 한다고. 동성애자라는 걸 밝히고 모로코에서 살아가는 딸에 대해 아버지는 정말 걱정을 많이 해요.

나는 위험을 느끼고 있어요. 또한 아무것도 말하지 않고 산다면 어떤 공격도 받지 않을 거라는 사실도 알고 있어요. 이런 관점에서 보면 결국 이성애자와 똑같은 거죠. 모두 거짓말을 해요. 모두가 위선자죠. 그 어느 집단을 가든 두 겹의 이야기를 나누죠. 모로코를 벗어나면 몸과 마음이 가벼워져요.

최근에 학교 친구 중 한 명과 이야기를 나눈 적이 있어요. 히잡을 벗지 않는, 아주 신실하고 누군가 그어놓은 선을 절대로 넘지 않는, 일찌감치 결혼한 친구죠. 결혼식을

올리고 몇 달 후 나에게 털어놓더라고요. 단 한 번도 오르
가슴을 느껴본 적이 없대요. "남편의 몸이 싫어. 손이 닿
을 때마다 토하고 싶은 심정이야." 걱정하는 나에게 친구
는 이렇게 대답했어요. "그런 건 중요하지 않은가 봐." 결
국 친구의 결혼 생활은 1년 뒤 끝이 났어요. 친구가 남편
을 떠났고 지금은 성적으로 만족하게 해주는 남자를 만
나고 있죠. 이 친구가 얼마나 변했는지 짐작도 못 할 거예
요. 지금은 낙태 금지법에 반대하고, 여성의 몸에 대한 권
리를 지지하는 등 페미니스트 쪽으로 돌아섰죠. 이전 결혼
에서는 전남편 못지않게 일을 하면서도 집안일 역시 전부
친구의 몫이었거든요. 결혼하기 전까지 친구에겐 그게 당
연한 일이었어요. 하지만 그렇게 사는 걸 더 이상 견딜 수
없어졌고, 불합리라든가 부당함이라는 개념에 눈을 뜨게
된 거죠.

커밍아웃을 한 친구가 있는데, 그 친구가 겪은 결과는
나와는 비교할 수 없을 정도로 드라마틱해요. 지금은 조울
증 진단을 받았어요. 정신을 놓아버린 거죠. 처음엔 자기
가 동성애자라는 걸 아는 친구와 결혼함으로써 자신을 지
키려고 했어요. 한데, 결혼을 하기가 무섭게 남자가 마초
성을 드러낸 거예요. 바깥 출입을 일절 못 하게 막았어요.

가난한 친구의 친정 부모님은 결혼식을 위해 빚을 진 터라 친구는 남편에게 전적으로 의지할 수밖에 없었어요. 친구가 부모님께 모든 사실을 털어놓았더니 부모님은 그녀를 정신병원에 가두었죠. 나도 친구를 지켜주려고 노력을 많이 했어요. 우리 집에서 지내라고 권해보기도 했고요. 하지만 내가 할 수 있는 일이 없더라고요. 친구는 늘 약에 취해서 직장도 친구도 모두 잃고 바깥세상과 완전히 차단되었죠.

인터넷이 동성애자들의 사회생활을 완전히 바꾸어놓았어요. 물론 지금도 신중해야 하는 건 맞지만, 그래도 전에 비하면 만남이 훨씬 수월해졌죠. 몇 년 전 '라바트의 레즈비언'이라는 사이트(LesbiennesdeRabat.com)가 있다는 걸 알았지요! 거기 등록한 여성들이 100명이 넘어요. 물론 여배우 사진과 가명으로 등록하지만요. 그래도 사이트 관리자가 병적이다 싶을 정도로 깐깐한 사람이어서 가입하려면 완전한 신분 증명이 필요하답니다. 나는 내 사진을 그대로 노출하기로 마음먹었어요. 그런데 그게 오히려 관리자의 불신을 사서 결국 난 가입을 거부당했죠!

또 다른 것 하나. 동성애자들의 세계야말로 사회 모든

계층이 모여 있어요. 은행원도 있고 가정주부도 있고 또 지독히 가난한 집 출신 아가씨들도 있어요.

사회의 입장에서 볼 때 아직 미혼인 내가 부모님 집에서 함께 안 사는 게 정상적으로 보이지 않죠. 우리는 '숨어서 하는 일은 전부 용인되는' 문화, 그러면서도 지배 모델은 딱 하나뿐인 사회에서 살아가죠. 그렇지만 집단을 따라가지 않으면 안 되는 순간은 언제나 있는 거예요. 나이 들수록 사회적 소수자로 사는 게 불가능하다는 걸 깨닫죠. 대가가 너무 혹독해요. 괴로워하는 어머니를 볼 때마다 마음이 찢어지거든요. 정말 끔찍한 건 무엇인가 하면, 오로지 나만 어머니의 입장을 헤아릴 수 있다는 거예요. 어머니는 하늘이 두 쪽 나도 내 입장에서 생각할 수 없죠. 많은 동성애자들이 체면을 지키기 위해 결국 결혼을 선택해요. 하지만 그건 이상한 일도 아니고, 내가 판단할 수 있는 부분도 아니라고 생각해요.

매일같이 직장 동료들로부터 결혼은 언제 할 거냐는 질문을 받아요. 나에게 아직 아이가 없다는 사실에 놀라는 여자들로부터 하루 종일 각종 조언을 듣죠. 남자들은 딱 절반만 여성의 자유를 인정하는 것 같아요. "히잡 안 쓰고 시내도 돌아다니고 직장도 다니게 해주는데, 거기에 더 자유를 줬다가 무슨 난리를 겪으라고!"

우리 사무실 여직원들은 전부 히잡을 쓰고 다녀요. 종교적 이유로 쓰는 이들도 있고 실용적인 이유로 쓰는 이들도 있죠. "버스로 출퇴근하고 저녁엔 늦게 퇴근하는데 히잡을 안 썼다가 무슨 봉변이라도 당하면 어떡해." 이상하게도 히잡은 여성들을 '짐승들'로부터 보호해주죠. 여성들에게 남자는 섹스만 생각하는 짐승이고 사실이 그렇기도 해요. 남자들에 대한 여자의 시각은 상당히 양가적이에요. 남자들은 위협이자 동시에 보호막이니까요. 차라리 남편이 둘째 부인을 두었으면 좋겠다고 말하는 여자들도 있어요. 그렇게 되면 부부 관계의 의무에서 조금쯤은 벗어날 수 있을 거라면서요.

페드와 미스크
: 행동가가 된다는 것, 그건 무엇보다
일관성 있게 본을 보인다는 것입니다

수련의인 페드와는 저널리즘에 푹 빠져 있다. 모로코 신문 및 해외 신문에 기고하는 작가이자 블로거이며 문학 카페 진행자로도 활약하는 그녀는 2011년 페미니스트 연대 웹진 《칸디샤》를 창간했다. 2015년 여름 어느 날, 나는 카사블랑카에 있는 페드와의 집으로 찾아가본다.

세상이 바뀌죠. 천천히 그러나 확실하게. 함께 살아가는 풍경이 조금씩 나아지고 있다는 걸 느껴요. 가령, 골수 보수주의자들과 마주할 때가 있는데 그럴 때면 '저 사람들 생각을 바꾸는 것은 거의 불가능할 것 같다. 그래도 반드시 해내겠어.'라고 다짐을 하죠. 일터에서도 이런 부류의 사람들과 엮일 일이 있었는데, 몇 년이 흐른 지금은 그들과의 관계도 많이 변했다는 걸 확실히 느껴요. 전부 나에 대해 알고 내가 완전히 다르고 그들의 종교적 도덕에 동의하진 않지만 나만의 윤리가 확실하다는 걸 잘 아는 사람들이죠. 내가 악마가 아니고, 다만 '참한 여자'의 기준에 들지 않는다고 해서 나쁜 사람은 아니라는 걸 이해하게 되었어요. 그게 이제는 일상 속에서도 확실히 느껴져요.

2월 20일 사태가 벌어지고 나서 《칸디샤》를 만들었어요. 남성과 여성들이 각종 주제에 대해 의견을 표출할 수 있도록 초대하는 연대 사이트죠. 처음 이 웹진이 출범했을 때 나와 닮은 사람들을 만나게 되었다는 느낌을 강하게 받았죠. 서로를 한눈에 알아보았고, 더 이상 혼자가 아니라는 느낌을 공유했어요. 한 젊은 여성으로부터 이런 메시지를 받은 기억이 나요. "고마워요. 당신 덕분에 살짝 돌았던 머리가 제자리로 돌아온 기분이에요." 그녀는 아가디르 출신이었어요. 그 지역 여자들은 보수주의자거나 매춘부, 둘중 하나죠. 이 젊은 여성은 이웃의 시선을 개의치 않고 직장 동료를 저녁에 집으로 불러 함께 일한 적이 있었다고해요. 우리에게 보낸 편지에서 그녀는 자신을 고발하는 투

서로 인해 경찰과 마주해야 했던 이야기를 풀어놓았지요. 칸디샤가 단 한 명의 여성을 구해냈다면, 그것만 해도 엄청난 일이죠.

물론 모로코 사회는 굉장히 분열되어 있어요. 그렇다 해도 선입관과 편견이 만든 도식 속에 스스로를 가두는 일은 이제 그만했으면 하는 바람이에요. 모더니즘을 몸소 실천하겠다며 와인을 마시는 것만으로는 충분하지 않으니까. 또 반대로, 히잡을 쓴 여성 중에도 종교가 없고 자신의 몸에 대해 굉장히 열린 생각을 가진 이들이 있다는 사실을 강조하고 싶어요. 이슬람주의자들이 정권을 쥔 현재 우리에게 예언했던 분쟁은 아직 일어나지 않고 있죠. 압력을 가해서 심지어 법무부 장관이 성에 관한 법 조항의 부당함을 말하게까지 만들었죠! 벤키란 국무총리는 동성애 문제에 대해 의견을 개진하기도 했어요. 좌파 정치인들조차 감히 말 못 하는 문제인데요. 아, 선거 직전에 벤키란 후보를 인터뷰한 적이 있었답니다. 내가 그랬죠. "나는 무교이고, 술을 잘 마시고, 결혼은 안 했지만 성관계를 가져요. 이런 나를 어떻게 하실 건가요?" 잠깐 어쩔 줄 모르다가 이렇게 답하더라고요. "집에서야 뭘 어떻게 하시든 관심 없습니다. 그런데 거리에서 벌거벗고 돌아다니신다면, 가서 옷을 입혀드릴 겁니다."

난 엘자디다에서 자랐어요. 대서양에 면한 작은 항구도
시죠. 어머니는 주변 분들에 비하면 훨씬 열린 분이었어
요. 성격이 대단했죠. 직업이 없는 아버지를 대신해 거의
어머니 혼자서 우리 형제를 기르다시피 했어요. 십여 명
의 남자 직원을 거느린 중학교 교장 선생님으로 단단한 분
이었어요. 어머니는 히잡을 무척 단호하게 반대했어요. 친
구들을 집에 초대했고요. 어머니는 직장 동료와 함께 카사
블랑카에 가서 쇼핑을 했고 주변 사람들로부터 늘 존중을
받는 인물이었어요. 어머니가 남자 동료와 다니는 걸 보고
놀라는 사람은 아무도 없었어요. 첫딸을 낳았을 때 스물아
홉 살이었으니 출산이 꽤 늦은 편이었죠. 어머니 스스로도
모성이나 출산은 당신에게 절대적 문제가 아니라고 했죠,
언제나.

어머니 세대로서는, 그리고 어머니의 환경에서는 정말
드문 케이스였죠. 흑백 사진 속에서 미니스커트를 입고 있
는 어머니의 모습을 본 적도 있어요. 순진하게 생각해서는
안 돼요. 어머니 스스로도 성추행을 당한 적이 있다는 얘
기를 한 적 있어요. 거리에서나 직장에서 남자들을 진정

시키려고 많은 노력을 했다더군요. 그들 중 다수가 지금은 어머니와 절친한 친구가 되었고요.

그럼에도 어머니는 굉장히 엄격했어요. 혼자서 세 자녀를 길러냈으니 본인의 목소리를 내지 않을 수가 없었겠죠. 나는 엘자디다를 떠나 카사블랑카로 가 의대에 다니기 시작했어요. 당시 여러 명이 함께 아파트를 나누어 썼는데, 하우스메이트들은 귀찮게 구는 남자들이나 간혹 위협을 하기도 하는 이웃들을 무서워했어요. 아파트 관리 위원회는 우리와 대화하기를 거부했고 집주인만 찾았죠. 그러다가 문제가 생겼을 때 해결에 나서는 사람은 보통 나였어요.

카사블랑카는 거대한 괴물이에요. 사람을 바꾸어놓죠. 처음 그곳에 도착했을 때 해방감보다 더 나를 사로잡은 건 두려움이었어요. 엘자디다는 아주 작은 소도시여서 안심을 주죠. 서로 모르는 사람이 없어요. 카사블랑카는 문어발 같은 도시예요. 그리고 거기에서 사람들을 만나면서 의대라는 갇힌 사회에서 빠져나가기 시작했죠. 전에는 감히 넘을 생각조차 못하던 보이지 않는 선들을 움직이게 됐어요. 특히 독서를 통해 정신이 확 깨어나는 느낌이었죠.

우리가 가는 곳 어디나 섹스가 존재해요. 하지만 지극

히 가부장적인 제도 안에서만 이루어지죠. 남성들은 자기가 무엇을 정복했는지 자랑하고 여성들은 반대로 감추고 거짓말을 하죠. 수의사 교육 기관에 거의 광적인 분위기의 남녀 혼성 기숙사가 있었지만 의대의 경우 여학생과 남학생의 관계는 좀 더 신중한 편이었어요. 여학생들은 추문을 만들지 않기 위해 늘 스스로를 방어했죠. 만일 어떤 여학생이 잠자리를 함께한 남학생과 결혼을 하지 않는다면 온갖 뒷소문과 험구가 퍼부어질 위험이 있었으니까요. 그나마 다행인 건, 카사블랑카가 대도시라는 거죠. 작은 도시였다면 더 힘들었을 거예요.

내가 지금 만나는 사람은 외국인인데, 그것 역시 쉬운 일이 아니랍니다. 때로 경비로부터 이런 말을 듣기도 해요. "아까 남자 사촌이 들렀는데 아가씨 집에 없던걸." 그가 내 사촌이 아니라는 것쯤 잘 알면서 일부러 그러는 거예요. 게다가 아주 긴 금발머리인걸요! 어느 날인가는 한 외판원으로부터 이런 말을 들은 적이 있어요. "나 너 잘 알지, 알고말고. 남편도 내가 봤어, 그 외국 사람!" 너무 화가 난 나는 이렇게 쏘아붙였어요. "아, 그래요? 여럿 중에서 누굴 보셨을까?" 외판원은 곧 입을 다물고 웃기만 하더군요.

위험이 닥칠 수도 있다는 걸 나도 알아요. 불과 얼마 전 일이에요. 저녁이었는데 글 쓰는 친구 한 명과 자동차 안에 있다가 경찰의 기습 방문을 받았죠. 그 작가 친구 부인이 나하고 아주 친해요. 경찰은 그저 우리에게 돈을 뜯어내고 싶었던 거죠. 우리가 무슨 짓을 한 것도 아닌데요. 경찰이 그 친구에게 그러더군요. "이 짓 하자고 가정을 위기에 빠뜨리겠다는 거요?" 내가 발끈해서 박차고 나가 따져 물었죠. "뭐라고 했어요?"

나는 우리의 권리가 뭔지 보여주고, 치욕을 그대로 감내할 이유가 절대 없다는 걸 알려줄 필요가 있다고 생각해요. 경찰서까지 가자면 갈 수도 있었죠.

법률 490조, 다모클레스의 칼, 경찰이 원한다면 언제든 그걸 뽑아들 수 있다는 걸 나도 잘 알아요. 하지만 현실적으로 풍속 사범으로 구속되려면 정말 갈 데까지 가야 해요. 주변 사람들에게 해가 될 정도로 진짜 눈에 보일 정도가 되어야 행동을 취한다는 걸 뻔히 알죠. 보통은 뒷돈으로 아주 간단히 마무리되고요. 안 그래도 가난과 실업에 시달리는 사람들인데 사생활 문제에까지 경찰의 위엄을 들이민다면 정말 비참한 일일 테니까요.

자기 검열을 하거나 외압에 굴하지 않으려고 노력해요.

본보기가 되어야 한다는 의무감 같은 게 있는 것 같아요. 언젠가 기회가 있으면 우리 집 가사도우미 이토를 소개해 주고 싶네요. 정말 놀라운 여성이죠. 시디 무멘에 사는 보수주의자예요. 내 애인 알렉스의 존재뿐 아니라 나에 대해 아주 잘 아는 사람이죠. 이젠 더 이상 내 라이프스타일에 놀라지도 않는 눈치예요. 가끔씩 몇 시간이나 이야기 나눌 때가 있어요. 일도 안 하고 빈둥거리기만 해서 그녀를 질리게 만드는 남편하고 그래도 함께 사는 이유가 뭔지 내가 물어요. 내 눈에 이토는 썩 예뻐서 얼마든지 더 나은 사람을 만날 수 있을 것 같거든요. 그녀는 늘 웃음을 터뜨리지만 마음 깊이 그녀가 무슨 생각을 하는지 나도 잘 알아요. 이제 서른아홉인 이토에게 인생은 벌써 끝난 거예요.

언젠가 알렉스가 이렇게 말한 적 있어요.

"당신에게 애정 표현을 해도 아무렇지 않은 장소로 가서 함께 걸어다니고 싶어."

정말 깜짝 놀랐어요! 사실, 공공장소에서 함께 있을 때 내가 그토록 위축되어 있었는지 나 자신도 미처 몰랐거든요. 엄청난 애정의 재난이라고 부를 수도 있을 정도로 애정 표현에 문제가 있는 거죠. 사람들은 절망하고 있어요. 인터넷이나 소셜 네트워크 서비스가 열린 생각을 갖게 해줄 거라고 생각하지만, 바깥세상이 어떻게 돌아가는지 바라보는 게 반드시 우리가 사는 세상을 열린 사회로 만들어주는 건 아니에요. 오히려 절망감만을 만들어내죠. 성적 자유를 옹호하면 사람들은 모로코를 거대한 사창가로 만들 생각이냐고 비난하죠. 화가 나기도 하지만, 또 동시에 나 역시 그런 문화에서 나고 자랐으니 이해 못 하는 것도 아니에요. 우리 가족은 보수적인 이슬람 교도였죠. 그러니 결혼이며 처녀성이며 하는 집착과 함께 성장했어요.

내 첫 경험은 전적으로 내가 준비하고 결정하고 수용한 결과였어요. 대부분의 여자애들은 그렇지 않죠. 남자와 가벼운 데이트를 나섰다가 불붙듯 예기치 못하게 진행된 성관계는 결국 엄청난 죄의식만 남겨요. 매춘부들을 봐요. 종교 얘기를 입에 달고 살아요. 매춘부들은 자기가 죄를 짓고 있다고 생각하고 언젠가는 구원받고 속죄할 수 있기를 바라요. 만일 내가 사는 방식을 얘기해주고 난 절대로 죄책감 따위를 느끼지 않는다고 말한다면, 그 사람들 중 누구도 나를 이해하지 못할 거예요. 아마 충격만 받겠죠! 내가 어떤 수치심도 느끼지 않는다는 것, 올바른 길로 가고 있지 않다는 사실에 대해 오히려 떳떳해하는 이 모습에 사람들은 충격을 받는 거죠. 우리의 섹슈얼리티에 가이

드라인이 되는 것은 오로지 윤리뿐이라고 누누이 말하지만 사람들은 콧방귀도 뀌지 않아요. 이들과 맞서야 해요. 남들이 어떻게 살든 나는 신경 안 써요. 하지만 마찬가지로 남들이 나에게 무언가를 강요하는 것도 원하지 않아요.

사미라
: 나에게 많은 자유를 허락하진 않아요,
하지만 자유를 발견할 수 있는
용기를 갖고 싶어요

페이스북을 통해 사미라의 메시지를 받았다. 한 친구에게 나의 프로젝트 이야기를 듣고 동참하고 싶은 마음이 들었다고 했다. 2015년 11월 라바트의 한 카페에서 우리는 만났다.

나는 수줍음이 많고 순진한 편이에요. 그런 교육을 받아서이기도 하고 또 본래 성격이기도 하지요. 청소년 시절엔 내 또래 누군가와 데이트 하는 것조차 상상하기 어려웠어요. 먼저 나서는 법이 없고 좀 폐쇄적이었죠. 남자 형제가 셋이나 되지만 아무도 나에게 부담을 주거나 권위적으로 대하지 않았어요. 오히려 항상 열려 있었고 즐거운 분위기여서 함께 나이트클럽에서 어울릴 정도였죠.

교양 있고 배우신 부모님은 세상 모든 일에 관심이 많아요. 우리를 보수적으로 교육시키긴 했어도 사회 체제에 대해서는 굉장히 비판적이죠. 부모님에게 순수함이라는 건 자연스럽고 생물학적인 거예요. 사회에서 특히 이성과의 관계에서 똑바로 처신하려면, 몇 가지 정해진 규율들을 받아들이는 게 아주 중요하다고 생각하죠. 요즘은 나 역시 아이들에게 어머니가 나에게 했던 교육을 그대로 되풀이하고 있다는 느낌이 들어요. 내 딸에게 처신 똑바로 해라, 다리를 모으고 앉아라 등등 쉬지 않고 품행에 대한 잔소리를 하죠. 모르죠, 어쩌면 나도 모르는 사이에 그렇게 강요하는 건지도.

라바트 법대를 다니던 동안은 내내 힘들었어요. 프랑스에서 고등학교를 다녔기 때문인지 대학 생활에 적응하는데 아주 애를 먹었죠. 서민적이고 사고방식이 보수적인 계층 출신들은 내 친구들이나 나와는 생각이 딴판이었어요. 굉장히 고지식해서, 가령 섹스같이 금기시되는 주제에 대해 우리가 이야기를 꺼내면 놀라 자빠지려고 했죠. 어쨌거나 뭐든지 늘 감추고 지내야 했던 시절이에요. 남녀 관계에 있어서는 더 말할 것도 없고요. 젊은 남녀가 서로 눈이 맞아 서로 만나고 사랑을 나누지만 겉으로는 아무것도 보이지 않죠. 아무것도 드러내지 않아요. 이 사회 속에선 즐거움을 드러낼 수가 없으니까요. 요즘의 젊은이들은 우리 시대보다 개방적이면서 반항적이죠. 이렇게 점점 나아지는 게 아닐까 싶어요. 어쨌거나 자신을 드러낸다는 점에서는요. 큰 목소리로 말하는 데 익숙해지고 있죠. 하지만 내가 어린 시절엔 심지어 집 안에서조차 '춤마'만을 배웠어요. 사랑이나 섹스 같은 건 입에 올릴 수도 없는 단어였죠. 남자 형제들과 여자 형제들 사이에서나 조금 말할 수 있었을지 몰라도 아버지하고는 절대로 나눌 수 없는 주제였다니까요. 감히 생각조차 할 수 없었죠. 내가 볼 때 요즘 사람들은 점점 스스럼없이 얘기하는 것 같아요. 처녀성에 대한 얘기가 이제 더 이상 금기사항이 아니죠. 각자 자기 인생을 살아가는 거라는 것에 대해 이제 조금씩 이해가 생겨나는 것 같고요. 그리고 여기엔 여자들이 맡은 역할이 있다는 걸 잊어선 안 되겠지요. 내 주변을 보면 그런 얘기를 하거나 공공연히 과시하면서도 전혀 두려움 없는 여자들이 있어요.

나는 결혼할 때까지 처녀로 있었어요. 그게 내 선택이

었는지 아니면 교육의 영향이었는지 정확히 말하기가 어려워요. 어쨌든 내 인생 첫 남자와 진실한 정신적 교류 같은 걸 갖고 싶었는지도 모르죠. 당신이 생각하는 것과는 반대로 처녀성을 간직하는 건 그렇게 쉬운 일이 아니었어요. 그게 비록 우리 사회에서 요구되는 규약이라고 해도 현실은 아주 다르죠. 같은 과 친구들 중에서도 나와 같은 선택을 한 사람이 많지는 않았거든요. 나는 압력과 제약을 감내한 경우였다고나 할까요. 놀리는 친구들도 있었어요. "넌 꽉 막힌 아이야. 자, 지금이 기회야." 하고 부추기면서요. 그런데 나는 너무나 무서웠던 나머지 앞으로 나갈 수가 없었어요. 그게 괴로웠다고까지 말할 순 없어도 지금 생각해보면 나 자신에게 자유를 주지 못했던 것 같아요. 발견의 기쁨, 다른 아무것도 아닌 오로지 쾌락만을 누릴 용기를 얻고 싶었지만, 그게 안 됐던 거죠, 뭐…….

남편은 그쪽으로 꽤 경험이 있었고, 그런 얘기를 해도 난 그냥 순순히 들었지요. 솔직히 문제 될 것도 없었어요. 남편 과거가 어떠했든 질투 같은 건 하지 않아요. 허심탄회하게 말하자면 남편은 처녀가 아닌 여자와는 결혼할 수 없는 남자라는 걸 나도 알아요. 남편이 결혼 전 만나서 관계를 가졌던 여자들은 전부 그가 속한 사회와는 다른 부류

의 여자들이었던 거죠. 서민층이나 빈곤층 여자들이라고
나 할까요. 교육의 혜택을 받지 못한. 어쨌거나 남편은 그
런 여자들과는 전혀 결혼할 생각도 없었고 결혼할 수도 없
었던 사람이에요. 내가 볼 때 남편의 기준은 확실해요. 결
혼할 수 있는 여자와 성교육만 즐길 수 있는 여자.

정말 솔직히 말해서 이 부분에 대해 난 정말 소극적이고
수줍어하는 편이에요. 남편을 사랑하고 벌써 12년째 흔들
림 없는 부부 생활을 해오고 있지만, 남편에게 절대로 묻
지 못할 질문들도 있어요. 그리고 남편 역시 나로부터 절
대로 보고 싶지 않은 행동들이 있겠죠. 남편에게 나는 무
엇보다 아이들의 엄마이고, 어떤 성적 행동들은 천박하게
보일 수도 있는 거니까요. 내가 감히 입에 담지 못할 "정숙
한 여자" 입에서 나와선 안 되는 말들. 구태여 따옴표 안에
이 말을 넣는 건 내가 누군가를 판단할 입장이 아닐뿐더러
누구나 자기 신체를 가지고 하고 싶은 대로 할 권리가 있
다고 보기 때문이지요. 분리와 차별을 하는 건 이 사회지
요. 내가 받고 자란 교육 환경에도 뿌리 깊게 배어 있었답
니다.

결론

    2016년 새해 전야, 독일의 쾰른에서 벌어진 집단 성추행 사태 이후 작가 카멜 다우드는 신문에 기고한 논설로 인해 매우 심한 비난을 감수해야 했다. 이 알제리 출신 신문기자가 보기에 이슬람 세계는 성적 빈곤으로 인해 약해졌고 곪아 터졌다. 젊은 세대는 이러한 절망감의 부담에 숨 막혀 하며, 이것이 타흐리르나 쾰른, 아니면 우리가 지금까지 들어온 대로 모로코의 거리 어디에서나 여성을 향한 공격으로 폭발하는 것이다. 이 글에 대해 프랑스 지성들은 카멜 다우드가 "오리엔탈리즘 클리셰"를 전파한 책임이 있으며 아랍 사람들을 본질주의자로 치부했다고 말했다. 이 지성들이 자기 연구실 책상에 앉아 몸을 사리는 현상이야 나도 이해 못 할 바는 아니지만, 이제 내가 보기에 사회적 현상으로서 성적 빈곤이라는 현실은 더 이상 외면할 수 없다. 그것이 가져온 결과는 확연히 정치적인 것이다.

《젊은 아프리카》잡지에서 일할 때, 알제리와 벤 알리 정권하의 튀니지에서 르포를 작성할 기회가 있었다. 그때 나는 젊은 층에 대한 주제를 자주 다루었는데, 일부 국민들이 성생활의 안전과 존엄을 보장받지 못한다는 사실에 마음이 몹시 불편했다. 실업, 모욕, 여가 생활의 부재를 넘어 애인을 만나 함께 시간을 보내고 사생활을 영위할 권리조차 박탈당한 이 젊은이들은 나에게 말 그대로 끔찍한 고통을 호소했다. 카멜 다우드의 기사에 반기를 든 식자들을 나는 어느 밤에든 카사블랑카나 탕헤르의 서민적인 술집으로 초대하고 싶다. 불과 몇 달 전에도 다녀온 곳이므로 나는 그곳의 풍경이 얼마나 비극성을 띠는지 생생히 말할 수 있다. 서글픈 담배 연기로 꽉 찬 실내에 남자들과 몇몇 매춘부들이 모여 앉아 있는 광경. 그곳의 젊은이들은 거의 말이 없다. 그저 술병을 하나씩 든 채 무대에서 춤추는 여자들을 바라볼 뿐이다. 내가 이 바에 들어서자 종업원은 나를 염려하면서 내가 거기서 할 일이 대체 뭐가 있을지 궁금해했다. 부드럽지만 어딘가 아버지 같은 어조로, 다소 얼굴을 붉히면서 종업원이 내게 조심스레 말했다. 여기는 "참한 여자분"이 올 곳이 못 된다고. 나는 표정 없이 냉정한 얼굴을 유지하며 거기서 일하는 여자를 한참 동안 관찰했다. 남자 바텐더가 있을 자리에 대신 살집 있고 제법 젊어 보이는 호스티스가 있었다. 얘기를 나눠보고 싶었지만 술집 사장이 막았다. 그녀가 거기 있는 건 일을 하기 위해서지 나와 대화하기 위해서가 아니라는 게 이유였다. 그날 저녁 내가 슬픔을 느끼며 목격한 것은 혼성 만남의 철저한 부재였다. 바 안에서 유일하게 가능한 남성과 여성의 접촉이란 화폐의 교환을 조건으로 한 만남뿐이었던 것이다.

정치학자이자 주간지 《텔켈》의 대표를 맡았던 압델라 투라비 역시 이런 점을 적시한 바 있었다. "모로코의 섹슈얼리티 문제는 마르크스적 패러다임에 맞추어 분석할 수 있을 것입니다. 다시 말해 성적 빈곤은 결국 사회적 빈곤의 문제라는 것이지요. 현재 모로코에서 집, 자동차, 돈을 가진 젊은이는 원하는 만큼 성생활을 누릴 수 있어요. 법의 테두리를 벗어난다 해도요. 반대로 저소득층 청년들에겐 비참하고 아슬아슬한 성생활만이 기다리지요. 거기서 과연 무슨 행복을 얻을 수 있을까요." 그는 축구 시합이 끝난 뒤 반드시 폭력 사건이 일어나고야 마는 모로코의 상황을 예로 들었다. "시합이 끝나고 나면 젊은이들은 두 가지 목표를 향해 돌진합니다. 자동차와 여자. 그들이 절대로 가질 수 없는, 그래서 절망감만을 안겨주는 두 대상이에요."

그에 따르면, 심지어 모로코인들은 더 많은 자유를 누릴 수 있을 때조차 자기 감정과 자유를 가지고 뭘 어떻게 해야 할지 도무지 몰라 하며 '신흥 감정 부자'처럼 행동하게 된다. 모로코 사회의 어마어마한 이혼율, 여성과 남성 사이의 극도로 긴장된 관계 등은 바로 여기서 비롯된다.

비록 이런 임의의 감정들을 충족시키는 데 돈만으로는 충분하지 않으며 금전적 여유를 가진 사람조차 성적 자유의 부재로 인해 고통받고 있다고 생각은 하지만, 나는 투라비가 틀리지 않았다고 본다. 성적 빈곤은 실업, 문화생활의 부재, 유럽 관문의 폐쇄, 극단적 이슬람주의 등 젊은이들의 사회적 빈곤이라는 일반 맥락과 같은 선상에 놓여 있다. 여기서 피에르 부르디외가 정의한 사회적 빈곤에 대한 개념이 참고가 될 수 있겠다. 그는 사회적 빈곤이 자원 부족과 물자의 빈곤과 연계된 '조건의 빈곤'만은 아니라고 말했다. 저서『세상의 빈곤』에서 이 사회학자는 '위치의 빈 곤'에 대해 주장한다. 행복을 향한 개인의 정당한 열망이 끊임없이 제약과 법률에 부딪치는 상황이 바로 그것이다.

어쨌든 이 증언들이 확인해주는 사실 한 가지는 '성적 빈곤'이 단순히 특정 도덕적 가치나 종교의 무게에서 기인 하는 것만은 아니라는 점이다. 성적 빈곤은 우리 앞에 너 무나 자명하게 놓여 있는 정치적, 경제적, 사회적 마찰을 기원으로 한다. 절대 다수의 성적 빈곤이 특히 더 괴롭히 는 대상은 여성, 청년, 그리고 빈곤층이다. 성적 빈곤은 스 스로 개혁을 이루지 못하고 점점 더 심각한 폭력을 양산하 는 체제의 한복판을 차지하고 있는 것이다. 현대화를 향한 열망과 (고유한, 또는 억지스러운) 전통적 가치에 대한 집착 사이의 긴장이 모로코 사회 깊숙이 작용하고 있다. 그리고 이 긴장의 중심 논점이 개인의 존재임은 명명백백한 사실 이다. 만일 성적 자유에 관한 법률이 관계 당국에 의해 적 용되지 않거나 잘못 적용된다면, 전통을 맹신하는 시민들 이 주저 없이 법률을 자처할 것이다. 이에 대해 인류학자 모하메드 스기르 잔자르는 텔레비전 방송에서 이렇게 설 명했다. "사회적 그룹들은 위협받았다고 생각하는 도덕 질 서를 바로 세우려고 애씁니다. 이슬람 문명에 대한 침해라고 생각하는 것에 응당 대응해 싸우지요."

이 지점에 '범죄자'의 수와 법 적용 현실 사이에 명백한 이분법이 존재한다는 이야기를 지금까지 누누이 해왔다. 현재 모로코 감옥 안에서 간통을 저지른 여성과 동성애자들이 지극히 현실적인 형을 치르고 있다는 사실을 잊지 말아야 한다. 가장 힘없고 가장 가난하고 가장 소외된 이들에게 운명은 너무나 가혹하다. 치욕과 모욕을 감수한 이들이 그들의 성적 방향성과 행위 때문에, 또는 상대와 너무 많은 사랑을 나누었다는 이유에서, 사회에 위험을 가했기 때문이 아니라 애매하고 하찮은 도덕이라는 명목하에 처벌을 받고 있는 것이다.

이 책에 실린 모든 증언들은 또한 모든 문제 속에서 여성의 자리가 차지하는 중심 역할을 확인해준다. 법률의 진전에도 불구하고, 사회의 진화에도 불구하고 여성의 몸은 여전히 집단의 억압에 묶여 있다. 여자는 한 개인이기 이전에 어머니, 누이, 아내, 딸인 것이다. 여성은 가족의 명예, 또 더욱 나쁘게도 국가의 정체성을 책임지는 존재인 것이다. 여성의 정조가 공공의 쟁점이 된다. 그러므로 이제 남은 과제는 평범한 시민으로서의 여성을 이룩하는 것이다. 그 누구에게 딸린 여성이 아니라, 그 성에 따라서가 아니

라 단지 시민으로서 자기 행동을 책임질 여성. 규율, 누구
에게든 허가된 관습을 가리키는 '카이다'를 기꺼이 쟁취하
는 여성. "산책하기, 세상 구경하기, 노래하기, 춤추기, 자
기 의사를 표시하기 등 사람들이 선호하는 많은 활동들이
여성들에게는 금지되어 있다. 여성의 행복이 카이다를
거스른다고 여기기 때문이다."라고 파티마 메르니시는
썼다.

내가 만났던 많은 여자들은 규칙과 관습 또는 사람들의
쑥덕거림을 거스르고 뛰어넘었다. 이들이야말로 내 나라
의 미래가 될 수 있었으면 좋겠다고 나는 진심으로 소망
한다. 그녀들은 우리가 살 자리를 내주기를 기다리지 않는
다. 그 여자들은 자신이 가져야 할 것을 스스로 보고 가져
가고, 비록 호된 값을 치르는 한이 있어도 자유를 향한 목
마름을 거듭 확인하는 사람들이다. 나는 특히 그들을 희생
자의 위치에 가두고 싶지 않았다. 모델이 없으므로 그들
은 스스로 모델을 만들어내거나 모델이 되지 않으면 안 되
었다. 뿐만 아니라 나는 사랑과 섹슈얼리티의 공간을 만드
는 데 남자들 못지않게 창의적인 여자들을 보고 큰 충격을
받았다. 모든 남성이 여성 해방의 적은 아니다. 모로코 여
성들이 변화와 현대화에 적응해나가는 속도 앞에서 남성

들은 분명 길을 잃었다. 그렇다고 그들이 사랑이나 자유를 향한 갈망을 포기한다고는 말할 수 없다. 미덕이나 순결에 대한 개인적인 비전에 관계없이 모두가 존엄스럽게, 안전 속에서 성생활을 유지할 수 있도록 모든 노력을 기울여야 하는 것이 바로 입법자들의 몫으로 남는다.

카멜 다우드 사건은 불행히도 고립된 사건이 아니다. 나 역시 입을 열 때마다 진보를 외치면서 오히려 전통주의의 온상을 만든다는 둥 이슬람주의자들의 세력만 더 키워준다는 둥 하는 비난을 듣는 게 더 이상 놀랍지도 않다. 사람들은 나를 편의주의에 기반한 이슬람 공포주의자라고 욕하거나 또 모로코의 보수적 가치들을 무시한다고 비난한다. 그리고 비난의 절정은 나를 유럽에 팔린 여자로 취급한다는 것이다. 나를 비난하는 사람들은 여러 가지 얼굴을 하고 있다. 이슬람 영향권에 속한 파시스트 내지는 서구 파시스트인 이들은 순수한 정통과 정체성만을 고집하여 자신들의 가치를 극렬히 옹호하는 보수주의자라기보다 도리어 자신들이 소유한 특권에 더 집착하는 무늬만 모더니스트들인 경우가 많다. 유언과도 같은 시적 저서 『아직 할 말이 많이 있었는데……』에서 말렉 셰벨은 이렇게 쓴다.

"성적 금기, 여성 해방의 금기, 욕망의 금기, 그리고 특

히 표현의 자유에 대한 금기를 건드리는 것은 내게서 환멸
만 이끌어낸다. 심지어 내가 옹호하는 여성들, 젊은이들,
미혼 남녀마저도 내 말을 건성으로만 듣고 만다. 모든 사
람들이, 질식할 때까지 목을 조르던 매듭을 완전히 풀어준
걸 탓하여 오히려 나에 대한 원망을 쏟아냈다. 이 세상 모
든 해방과 마찬가지로 에로티즘, 특히 표현의 자유는 고도
의 투쟁으로 얻어진다. 이는 스스로 생각할 권리라는 매우
드문 자유로부터 얻어지는 것이다. 모두에게 가장 엄숙한
금기에 맞서야 한다."

옮긴이의 말

2018년 여름 레일라 슬리마니의 첫번째 장편소설 『그녀, 아델』 번역을 마무리하며 나는 "이 작가의 다음 행보가 무척 기대된다."라고 썼다. 이 책은 2016년 『달콤한 노래』로 공쿠르상을 수상하며 프랑스 문단의 주목을 받은 바로 다음해에 출간한 인터뷰 사례집이다. 2014년 발표한 첫 장편 『그녀, 아델』에서부터 『달콤한 노래』, 그리고 이 책 『섹스와 거짓말』(2017년)을 통해 슬리마니는 여성과 욕망이라는 주제를 종횡무진 탐색하는 행보를 보인다. 다만, 이전의 두 작품이 허구라는 소설적 장치를 빌린 반면, 이 책에서는 거리의 매춘부에서부터 보모, 대학생, 연극인,

사회운동가, 종교 학자 등 사회 각 분야를 구성하는 여성 15명과 한 명의 남성을 차례로 만나며 아랍 국가 모로코에서 살아가는 여성들의 섹슈얼리티 문제를 르포이자 증언록으로 완성하였다.

튀니지, 알제리에 인접한 북아프리카 국가 모로코에 대해서 우리가 알고 있는 것은 많지 않다. 전통적으로 이슬람교를 국교로 삼으며, 여성들은 머리에 히잡을 써야 하는데, 그것은 외부인들에게 신체 일부를 드러내는 것이 치욕이자 오욕으로 간주되기 때문이라는 것 정도가 아닐까. 모든 미혼 여성은 처녀막을 간직해야 하고 혼전 성관계가 금지되는 나라, 내연 관계도 동성애도 성매매도 법으로 금지하는 나라, 결혼을 앞둔 여성에게 순결 증명서를 요구하는 나라, 세계 5위의 포르노그래피 소비 국가이면서 여성들에게만큼은 절제와 정숙과 침묵을 강요하는 나라 모로코. 슬리마니는 이슬람이라는 종교에 바탕을 둔 이 모로코식 전통과 법률이 가진 위선과 모순, 그 속에서 고통받는 여성들의 인권에 대해 낱낱이 고발한다. 그녀의 분노가 고발을 넘어 용감한 증언으로까지 읽히며 감동적인 의미를 전하는 이유는 슬리마니 자신이 모로코의 수도 라바트 태생으로, 파리에 정착하기 전까지 유년과 사춘기 시절을 모로코 사회에서 보냈기 때문일 것이다. 이 책을 통해 슬리마니는 아랍 세계에서 철저히 외면받는 여성의 섹슈얼리티와 모로코 태생 여성 작가라는 두 가지 굴레에 과감히 도전하고 있다.

슬리마니를 자발적으로 찾아와 누구에게도 말 못할 속 얘기와 욕망들을 털어놓은 이 책 속 여성들 모두에게, 진실과 자유를 향한 그네들의 용기와 에너지에 진심 감사를 전하고 싶다. 그리고 우리 시대 여성들의 욕망과 그것이 존중받아야 할 이유를 끝없이 탐색하는 작가 슬리마니의 소명 의식에도 다시 한 번 박수를 보낸다.

참고 문헌

파티마 메르니시, 『여자들의 꿈: 하렘에서 보낸 유년 *Rêves de femme: Une enfance au harem*』, 포슈, 1998

파티마 메르니시, 『정치적 하렘: 예언자와 여성들 *Le Harem politique: Le Prophète et les femmes*』, 알뱅 미셸, 1987

파티마 메르니시, 『무슬림 국가에서의 사랑 *L'Amour dans les pays musulmans*』, 알뱅 미셸, 2009

압델와하브 부디바, 『이슬람의 섹슈얼리티 *La Sexualité en Islam*』, puf, 1975

압델락 세르한, 『할례 받은 사랑 *L'Amour circoncis*』, 파리메디테라네, 2000

타하르 벤 젤룬, 『고독의 가장 높은 곳 *La Plus Haute des solitudes*』, 쇠이유, 1997

미셸 푸코, 『성의 역사 *Histoire de la sexualité*』, 갈리마르, 1976-1984

치마만다 응고지 아디치에, 『우리는 모두 페미니스트가 되어야 합니다 *Nous sommes tous des féministes*』, 갈리마르 컬렉션, 폴리오, 2015

셰린 엘 페키, 『유희의 혁명 *La Révolution du plaisir*』, 오트르망 출판사, 2014

말렉 셰벨, 『아랍의 에로티즘 *L'Érotisme arabe*』, 로베르 라퐁, 2014

말렉 셰벨, 『이슬람의 무의식: 금기, 과오, 월경에 대한 단상 *L'Inconscient de l'islam : Réflexions sur l'interdit, la faute et la transgression*』, CNRS, 2015

말렉 셰벨, 『아랍의 카마수트라: 오리엔트의 에로틱 문학 2000년 *Le Kama-Sutra arabe: 2000 ans de littérature érotique en Orient*』, 포베르, 2006

아스마 람라베트, 『코란과 여성들: 해방의 독서 *Le Coran et les femmes: Une lecture de libération*』, 타위드, 2007

압데사마드 디알미, 『섹슈얼리티와 모로코의 담론 *Sexualité et discours au Maroc*』, 아프리크 오리앙, 1988

주마나 하다드, 『나는 셰에라자드를 죽였다. 분노한 아랍 여성의 고백 *J'ai tué Schéhérazade. Confessions d'une femme arabe en colère*』, 악트 쉬드, 2010

주마나 하다드, 『슈퍼맨은 아랍인이다 *Superman est arabe*』, 악트 쉬드, 2013

소피 베시, 『아랍인, 여성들, 자유 *Les Arabes, les femmes, la liberté*』, 알뱅 미셸, 2007

모나 엘타하위, 『히잡과 처녀막: 중동에는 왜 성 혁명이 필요한가? *Foulards et hymens. Pourquoi le Moyen-Orient doit faire sa révolution sexuelle*』, 벨퐁, 2015

네즈마, 『아몬드 *L'Amande*』, 포켓, 2005

살와 알 네이미, 『꿀의 증명 *La Preuve par le miel*』, 로베르 라퐁, 2007

옮긴이 이현희

대학에서 불문학을, 대학원에서 한국 현대시를 공부하고 출판사에서 일했으며, 프랑스 부르고뉴-프랑슈콩테 대학에서 비교문학 박사 학위를 받았다. 프랑스 문학과 한국 문학을 번역, 기획하고 있다. 『그녀, 아델』 『세상의 마지막 밤』 『인생은 짧고 욕망은 끝이 없다』 『바보 아저씨 제르맹』 등을 한국어로 옮겼다.

섹스와 거짓말 : 금기 속에 욕망이 갇힌 여자들

1판 1쇄 인쇄 2019년 4월 1일
1판 1쇄 발행 2019년 4월 10일

지은이 레일라 슬리마니 **옮긴이** 이현희
펴낸이 김영곤 **펴낸곳** 아르테
문학미디어사업부문 이사 신우섭
문학사업본부 본부장 원미선
책임편집 양한나 **해외문학팀** 손미선 이현정
해외기획팀 임세은 이윤경 장수연 **디자인** this-cover.com
문학마케팅팀 정유선 임동렬 조윤선 배한진 **문학영업팀** 권장규 오서영
홍보팀장 이혜연 **제작팀장** 이영민

출판등록 2000년 5월 6일 제406-2003-061호
주소 (우 10881) 경기도 파주시 회동길 201(문발동)
대표전화 031-955-2100 **팩스** 031-955-2151

ISBN 978-89-509-8041-2 03300

(주)북이십일 경계를 허무는 콘텐츠 리더
아르테 채널에서 도서 정보와 다양한 영상자료, 이벤트를 만나세요!

네이버오디오클립/팟캐스트 [클래식클라우드] 김태훈의 책보다 여행
페이스북 facebook.com/21arte 블로그 arte.kro.kr
인스타그램 instagram.com/21_arte 홈페이지 arte.book21.com